Patricia Tudor-Sandahl

Finde zu dir selbst

Patricia Tudor-Sandahl

Finde zu dir selbst

Vom Sinn im Leben und von der Weisheit des eigenen Wegs

Aus dem Schwedischen von Sigrid Irimia

HERDER

FREIBURG · BASEL · WIEN

Titel der schwedischen Originalausgabe: En given väg

First published by Wahlström & Widstrand, Stockholm, Sweden
Published by arrangement with Bonnier Group Agency, Stockholm, Sweden

www.herder.de
Satz: Barbara Herrmann, Freiburg
Druck und Bindung: fgb · freiburger graphische betriebe 2006
www.fgb.de
ISBN 13: 978-3-451-29034-3
ISBN 10: 3-451-29034-0

Inhalt

Vorwort

Noch vor einigen Jahren hätte ich dieses Buch nicht schreiben können. Mein Bild von mir selbst und von der Welt hat sich während der Zeit, die seit meinem fünfundfünfzigsten Geburtstag verstrichen ist, grundlegend verändert. Damals hatte ich alle Hände voll damit zu tun, mich von einer bewegten Zeit der Krankheit zu erholen, und schrieb gerade an dem Buch *Das Leben ist ein langer Fluss* (Verlag Herder, 2004; Wahlström & Widstrand 1999). Diese Arbeit hat mir dabei geholfen, mich selbst wiederzufinden und mir die Frage zu stellen: Was möchte ich mit dem Rest meines Lebens anfangen? Seither hat ein wachsendes Wissen um die spirituelle Größe des Daseins meine Art und Weise, das Leben zu betrachten, vertieft und diesem Leben eine ganz neue Dimension verliehen.

Viele von uns schöpfen ihre Fähigkeiten niemals aus. Talente bleiben ungenutzt, Wege unentdeckt und Möglichkeiten unverwirklicht. Jeder von uns hat, glaube ich, seinen eigenen Auftrag in diesem Leben und hat seinen ganz persönlichen Weg zu gehen. Doch kann es viel Zeit und Mut kosten, bis wir darauf kommen, worin dieser besteht. *Finde zu dir selbst* handelt von der Reise, die wir Menschen machen, um diejenigen zu werden, die zu sein wir bestimmt sind.

Ein herzliches Dankeschön sage ich meinem Mann, Christer Sandahl. Ohne sich aufzudrängen, ist er stets mit Rat und Unterstützung in der Nähe, wenn ich es am meisten brauche. Ein großes Dankeschön gebührt auch Per Mases, Schwester Ingrid, Ingrid Ericsson, Margareta Andersson und all den lieben Mitarbeitern auf Berget in Rättvik, wo ich an Retreats teilnehme, die ich inzwischen sogar leite. Berget ist mir zu einem zweiten Zuhause geworden. Dort in der Stille habe ich einen großen Teil dieses Buches geschrieben. Ich möchte auch Ann Helleday für wichtige Gespräche und unser geteiltes Schweigen danken sowie Anna-Carin Gregor, die mir wieder einmal durch das Labyrinth der schwedischen Grammatik geholfen hat. Durch ihre Ermutigung, ihre Geduld mit mir und ihre vielfache praktische Unterstützung haben der Verleger Unn Palm und die Lektorin Helene Atterling ihren Teil zur Realisierung dieses Buches beigetragen.

Finde zu dir selbst ist mein zehntes Buch. Bisher trug ich jedes Mal, wenn das alte Projekt dem Ende zuging, schon ein neues in meinen Gedanken. Diesmal ist es anders; ich weiß nicht, wie mein Weg in nächster Zukunft aussehen wird. Die Frage, die den Kern dieses Buches darstellt – Was ist mein Weg? – stelle ich auch an mich selbst, voller Neugier und in der Gewissheit, dass sich die Antwort zeigen wird, sobald die Zeit reif ist.

Stockholm, den 8. Januar 2005

1 Was ist mein Weg?

Zwei Wahrheiten nähern sich einander. Eine kommt von innen,
eine kommt von außen, und dort, wo sie aufeinander treffen,
hat man die Chance, in sein eigenes Gesicht zu blicken.
(Tomas Tranströmer, Präludien)

Klarheit braucht ihre Zeit

Neulich war ich auf einer Party. Der Mann neben mir stellte sich als ein angenehmer, redefreudiger Mensch heraus. Während wir aßen, berichtete er lebhaft von seiner Arbeit und seinen Reisen. Erst als wir beim Nachtisch angelangt waren und ein paar Gläser Wein getrunken hatten, begann er, von sich selbst zu erzählen. Er vermisse etwas in seinem Leben, trotz seines Erfolgs sei er nicht zufrieden – er wolle mehr. Er wolle sich für eine Veränderung öffnen, aber noch habe er es nicht gewagt, und die Zeit renne einfach davon. Ich hörte die Begeisterung in seiner Stimme: Man konnte sicher sein, er meinte, was er sagte. Und in seinen Worten, in seiner Ahnung von einer Kraft, die er noch nicht genutzt hatte, und von etwas Neuem, das noch seine Zeit brauchte, erkannte ich mich selbst wieder.

Entwicklung allerdings ist beschwerlich und hat ihren Preis. Wir können immer Gründe dafür finden, unsere Kreise nicht zu stören, unsere Sehnsucht nicht ernst zu nehmen und den Gedanken an einen neuen Weg von uns zu weisen, noch bevor er überhaupt reifen und Form annehmen konnte. Und das ist schade, finde ich, denn Lust und Sehnsucht sind ein zuverlässiger Wegweiser für denjenigen, der in seinem Leben nach etwas anderem sucht. Ich denke, dass jeder Mensch einen Auftrag hat, etwas, wozu sie oder er besonders gut geeignet ist. Aber es kann viel Zeit und Mut in Anspruch nehmen zu entdecken, was das ist, und es dann zu verwirklichen. Viele Menschen führen sozusagen ein gestutztes Leben. Die meisten von uns verfügen über ein größeres Potential, als sie meinen. Wir nutzen unsere Fähigkeiten nicht und sehen nicht die alternativen Wege, die wir gehen könnten. Einen Schritt beiseite zu treten und uns zu fragen, wohin wir eigentlich unterwegs sind – und ob wir dahin wirklich möchten –, bildet einen ausgezeichneten Ausgangspunkt, von dem aus wir über Sinn und Ziel unseres Lebens nachdenken können. Jedes Leben ist einzigartig, und jeder Mensch hat etwas Besonderes, das er der Welt geben kann. Ob groß oder klein, spielt dabei keine Rolle. Alle Menschen haben im Grunde dieselbe Aufgabe: ihr Leben so wahr und aus vollem Herzen zu leben, wie sie nur können, zu ihrer eigenen Freude und zur Freude anderer. Nichts in diesem Leben ist von Dauer. Alles löst sich irgendwann auf und verwandelt sich in etwas Neues. Das Alte welkt dahin, während junge Triebe Wurzeln schlagen. Stets gibt es Tod und Neugeburt, in uns wie außerhalb von uns, in der materiellen Welt wie in unserem Bewusstsein. Kleine, unscheinbare Veränderungen, Störungen der Balance, die uns langsam, aber sicher verwandeln und uns auf den Weg bringen. Dieser Prozess geschieht ununterbrochen – auch während Sie diese Worte lesen. Wir müssen morgen nicht wiederholen, was wir gestern getan haben. „Wende deine Gedanken nach innen, und du wirst in deiner Seele tausend völlig unentdeckte Bereiche finden“, schreibt der amerikanische Autor Henry David Thoreau. Innen in dir bist du reich. Diese Einsicht kann der Anfang sein für eine Entdeckungsreise ohnegleichen.

Das Problem ist, dass viele nicht auf ihre innere Stimme hören, am wenigsten dann, wenn diese in einem schwachen und sanften Flüstern besteht, das man nur in der Stille vernimmt. Man braucht eine gehörige Portion Mut, um sich zu erheben und wirklich zu vernehmen, was man sich selbst sagen möchte. Manchmal gehen wir lange Wege, um eine Antwort auf unsere Fragen zu bekommen, und übersehen dabei die Weisheit, die ganz in unserer Nähe wartet. Müssen wir denn in der Ferne schweifen, um zu begreifen, dass wir uns gar nicht vom Fleck hätten rühren müssen, dass die Antwort näher lag, als wir ahnten?

Das erinnert mich an die Geschichte vom armen Rabbi Eisner aus Krakau. Mehrere Nächte nacheinander träumte dieser, dass unter der Schlossbrücke in Prag ein Schatz begraben liege. Der Traum war so greifbar, und der Wunsch des Rabbi nach dem Schatz so mächtig, dass er eines Nachts seine größte Schaufel packte, seiner Frau Lebewohl sagte und in die Dunkelheit hinausging. Nach einer langen und beschwerlichen Reise kam er schließlich an und begann mit einem solchen Eifer zu graben, dass er die Wache nicht hörte, die ihn auf frischer Tat ertappte und ins Gefängnis brachte. Als der vollkommen verängstigte Rabbi jedoch erzählte, was er unter der Brücke gesucht hatte, ließ ihn die Wache mit einem breiten Grinsen wieder frei. „Mach, dass du wieder nach Hause kommst, du Dummkopf! Wie kannst du nur an einen solchen Unsinn glauben?“, sagte der Mann. Und lachend berichtete er von seinem eigenen, immer wiederkehrenden Traum – von einem Schatz nämlich, der sich hinter dem Ofen eines armen Rabbi in Krakau verbarg. Rabbi Eisner zog nach Hause und fand den Schatz an genau derselben Stelle, die der Wächter beschrieben hatte.

Während ich diese Geschichte niederschreibe, fällt mir ein, was ich im letzten Frühjahr erlebt habe, an dem Tag, an dem ich beklaut wurde – zumindest dachte ich das damals im Moment. Kurz vor Pfingsten fuhr ich aufs Land, um das Haus für den Sommer vorzubereiten. Die Wärme war ganz plötzlich eingebrochen, und nach der langen Reise fühlte ich mich heiß und klebrig. Der Weg vom Bus zum Haus führt an einem Strand entlang. „Wie schön wäre jetzt ein Spaziergang am Meer", dachte ich, warf die Schuhe von mir und kühlte meine Füße in dem lauen Wasser. Meine Tasche war schwer. Nach einer Weile stellte ich sie zusammen mit meinen Schuhen in das hohe Schilfgras, das die Grenze zwischen Strand und Wiese markierte. Ich blieb nicht allzu lange weg. Als ich allerdings zurückkehrte, um meine Sachen zu holen, waren sie nicht mehr da. Zwar wusste ich genau, wo ich sie hingestellt hatte, dennoch suchte ich in weiten Bögen um diese Stelle herum und fragte die wenigen Menschen, die sich am Strand sonnten, ob ihnen irgendetwas aufgefallen war. Außer einem alten Paar mit Gehstöcken und einigen kleinen Mädchen hatten sie niemanden vorbeigehen sehen. Und doch musste sich jemand herangeschlichen haben, und wir klagten einstimmig über die Verkommenheit der Welt. Nicht einmal auf dem Lande war man noch sicher! Ich konnte nichts tun, außer in den sauren Apfel zu beißen und nach Hause zu eilen, um bei der Polizei anzurufen. Wie sollte ich aber überhaupt hineinkommen? Die Hausschlüssel befanden sich zusammen mit Brille, Handy und allen anderen wichtigen Sachen in meiner Tasche. Es wurde ein düsterer Marsch ins Dorf. Während ich lief, zogen Wolken auf, und ich fing an zu frieren. Mit Hilfe eines Nachbarn bekam ich dann ein Fenster auf und begann, sobald ich im Haus war, damit, meine Karten sperren zu lassen und all die anderen unangenehmen Dinge zu erledigen, die ein Diebstahl mit sich bringt. Abends kam mein Mann. Trotz meiner Proteste und meiner Beteuerungen, ich hätte jeden Grashalm umgedreht, wollte er hinaus und suchen. Das war meiner Meinung nach verlorene Zeit; die Sachen lagen einfach nicht mehr dort, wo ich sie hingelegt hatte. „Wir schauen noch einmal“, sagte er mürrisch, und um des Friedens willen ging ich mit. Nach einer Weile erblickten wir im Gras etwas Dunkles. Es war die Tasche mit meinen Schuhen, die genau so dalagen, wie ich sie abgelegt hatte, nur an einer anderen Stelle, als ich dachte.

Ich hatte mich vertan. Ich war so sehr darauf eingestellt, weiträumig zu suchen, dass ich ein ums andere Mal an dem, was ich suchte, vorbeigegangen war. So etwas geschieht, wenn man es besonders eilig hat und mit Scheuklappen ans Werk geht. Das gilt ganz besonders auch für den Fall, dass man sich gerade darüber klar werden möchte, was man mit seinem Leben anfangen will. Was möchte ich in Zukunft tun? Verfüge ich über Ressourcen, die ich nicht nutze? Möchte ich, solange noch Zeit ist, mehr erreichen? Was muss sich ändern, und womit bin ich zufrieden, wie es ist? Was ist für mich lebensnotwendig, und worauf kann ich ebenso gut verzichten? Gibt es etwas, was ich schon längst tun wollte, bisher aber noch nicht in Angriff genommen habe? Wie sieht mein nächster Schritt aus? Die Antworten liegen selten auf der Hand.

Um zu einer Antwort zu gelangen, müssen wir bereit sein, unser Herz zu prüfen und unser Leben unter die Lupe zu nehmen. Nur so haben wir die Chance, das eine oder andere zu sehen, was uns bis dahin verborgen war. „Die längste Reise ist die Reise nach innen“, sagt Dag Hammarskjöld. Sich nach innen zu wenden bedeutet nicht, etwas hinzuzufügen, sondern etwas abzulegen; das bedeutet, all das abzustreifen, was unsere Aufmerksamkeit für gewöhnlich in Anspruch nimmt und uns auf die Dauer stumpf und stumm macht. „Wenn du dir nicht die Zeit nimmst, in dein Inneres zu gehen, riskierst du, ohne dich durchs Leben zu gehen“, sagte neulich jemand zu mir. Ich schrieb mir diesen Satz auf, um ihn nicht zu vergessen. Es ist spannend, uns selbst auf den Leib zu rücken, zu entdecken, dass mehr in uns steckt, als wir dachten, und vielleicht das Neue zu entdecken, das sich gerade Bahn bricht. Es erfordert Mut, uns vom Rand in die Mitte zu bewegen und uns vor uns selbst voll und ganz zu offenbaren. Manche drücken sich davor und lehnen die Einladung ab, neue Prioritäten zu setzen und das Leben aus einem neuen Blickwinkel zu betrachten. Ich kann die Verlockung gut verstehen, die gegebene Ordnung nicht zu stören. Der Mensch hat viele Gründe, das zu tun. Die Reise ins Innere ist lang und bisweilen beschwerlich – zumindest war sie das für mich. Über viele Jahre habe ich mich von der Frage leiten lassen „Was *kann* ich mit meinem Leben anfangen?", was so viel heißt wie: Wo liegen meine Begabungen, bin ich gut genug, kann ich mit den anderen mithalten, reicht mein Können aus, was wird von mir erwartet, was halten die anderen von dem, was ich tue? Ich hatte Angst, in den Augen der anderen nicht bestehen zu können, und lernte früh, wie fein der Unterschied zwischen Anpassung und Selbstvernichtung sein kann. Sicherlich haben die meisten von uns bereits die Erfahrung gemacht, was es bedeutet, sich von dem leiten zu lassen, was andere denken und wollen. Manche wachsen nur spät oder überhaupt nicht aus ihrem starken Bedürfnis nach der Anerkennung durch die anderen heraus. Das macht es schwer für sie, ihren eigenen echten Weg zu suchen. Ich war schon vierzig Jahre alt, als ich erkannte, wie leicht man sich selbst zum Opfer machen kann, und im Stande war, die Frage zu formulieren: „Was *möchte* ich mit meinem Leben anfangen?" Die Tatsache, dass man etwas kann, ist noch lange kein zwingender Grund, es auch zu tun! Diese Befreiung hat ihren Preis. Gerade weil ich einen eigenen Willen hatte, konnte ich mich nicht mehr hinter den Worten „ich muss" und „ich soll" verstecken. Nicht ohne einen gewissen Unmut erkannte ich, dass es durchaus bequem ist, andere darüber bestimmen zu lassen, wie man leben soll. Freiheit verpflichtet, und Selbstständigkeit ist nicht einfach. Ich sah ein, dass der starrköpfige Widerstand dagegen, heranzureifen und eine erwachsene Verantwortung zu tragen, nicht zu unterschätzen ist: Das hindert viele von uns daran, ihr Leben in die Hand zu nehmen und das Beste daraus zu machen. Seitdem sind einige Jahrzehnte vergangen, und nun ist es eine andere Frage, die meine Gedanken beschäftigt. Sie handelt nicht von dem, was ich *darf* oder *muss* oder *will*, sondern von dem, was ich tun *möchte*. Die Frage „Was *möchte* ich mit meinem Leben anfangen?" gründet in einem Willen, der mehr als mein eigenes Begehren und meinen persönlichen Gewinn berücksichtigt. Es ist die Frage danach, in welcher Weise ich – mit eben meiner Geschichte und meinen Voraussetzungen – als Mensch wachsen, meinen Blick erheben und meinen eigenen persönlichen Beitrag leisten kann, um eine vollkommenere, menschenfreundlichere Welt zu schaffen. Diese Frage steht für mich zur Zeit im Mittelpunkt.

„Ich will" hat mit mir als Individuum zu tun, ein Wort, das sich vom lateinischen *individuus* ableitet – dem, was nicht teilbar ist, was mit sich selbst zusammenhängt. „Ich möchte" hängt mit mir als Person zusammen. Der Begriff Person hat eine unklare Herkunft, ist jedoch mit dem lateinischen *personare* verwandt: „durchtönen". Hinter diesem Wort steht das griechische *prosopon*, das Gesicht bedeutet, insbesondere die Gesichtsmaske, die die Schauspieler trugen. Das Wort Person entstand in dem frühen Versuch, die liebevolle gegenseitige Beziehung in der christlichen Dreieinigkeit auszudrücken. Der Mensch ist eben darin Person, dass er frei ist, Liebe zu geben und zu erwidern. Beim Persönlichen geht es um die Fähigkeit – und die Verantwortung –, sein Angesicht anderen zuzuwenden. Wir sind dazu geschaffen, Personen zu sein, in Beziehung zueinander zu treten und in Zusammengehörigkeit miteinander zu leben. Das liegt in unserer Natur. Statt uns jedoch selbst als Personen zu entwickeln, beschränken wir uns unentwegt darauf, *Individuen* zu sein. Wir betonen unsere Individualität und markieren die Grenzen zwischen uns, was nicht selten auf Kosten der Gemeinschaft und des Zusammenhalts geschieht. Zwar ist es wichtig, seine Identität als Individuum zu entwickeln, aber es reicht nicht aus. Die Ausdrücke *Person* und *Individuum* spiegeln zwei unterschiedliche Haltungen der Umwelt und dem Leben gegenüber. Ich lege heute großen Wert auf die persönliche Haltung.

Die innere Mahnung

Um das mehr oder weniger deutliche Gefühl zu beschreiben, dass etwas in meinem Leben gerade im Werden begriffen ist, dass es in mir ruht und wächst, um zu reifen und Früchte zu tragen, werde ich mich der Worte *Ruf* und *Berufung* bedienen. Diese Begriffe gehen auf das mittelhochdeutsche Wort *beruofen* zurück, dessen vorherrschende Bedeutung, „in ein Amt einsetzen, ernennen", heute noch von Luthers Gebrauch beeinflusst ist, der eine göttliche Berufung beziehungsweise eine christliche Bestimmung meint. Unter *Ruf* versteht man einen Appell, eine Forderung oder eine Mahnung. Unter den Synonymen des Wortes *Berufung* liest man Tätigkeitsbereich, Lebenswerk, Bestimmung, Lebensaufgabe, Sendung, Schicksal, Mission und Vokation, vom lateinischen *vox* (Stimme) und *vocare* (rufen). Ein Ruf kann also als eine Mahnung oder eine Einladung betrachtet werden, seine echte Stimme zu finden. Wir sind Worte wie Ruf und Berufung nicht gewohnt. Wenn wir sie hören, wirken sie zunächst fremd, erregen vielleicht sogar Anstoß. Für einige von uns sind sie mit düsteren Assoziationen belastet, obwohl das Motiv der Berufung sowohl aus religiösen Erzählungen als auch aus Volkssagen bekannt ist. Wir denken dabei eher an einen Einberufungsbefehl zum Wehrdienst, an langweilige

Sitzungen im Büro und an andere Dinge, die wir gerne meiden. So wie weitere „große" Worte, die wir aussortiert haben, sind Ruf und Berufung in Vergessenheit geraten, ja in unserer stark säkularisierten Gesellschaft sogar in Ungnade gefallen. Trotzdem habe ich mich entschlossen, sie zu benutzen, weil sie uns in die Nähe einer Dimension des Lebens führen – nämlich der spirituellen Dimension –, die beinahe in Vergessenheit geraten ist und von der sich viele entfernt haben. Gleichzeitig ist mir, wie gesagt, bewusst, dass diese Worte einen negativen Beiklang haben können. „Ab und an hört man beispielsweise Krankenschwestern behaupten, ihr Beruf sei keine Berufung, und sie legen hier die Bedeutung von Aufopferung in das Wort, davon, dass sie bereit sein sollen, ohne angemessene Bezahlung welchen Anforderungen auch immer nachzukommen. Da die Krankenschwestern oder jeder andere Berufszweig ebenso gut bezahlt werden möchten wie alle anderen, ist es wichtig festzulegen, dass sie Arbeitende und nicht Berufene sind (…) Welche Tragik liegt jedoch darin, dass wir den Blick dafür verloren haben, was es bedeutet, berufen zu sein oder seine Berufung gefunden zu haben. Wie kann man mit einer Arbeit glücklich sein, zu der man nicht berufen ist? Der Mensch kann nur dann Glück und Sinn empfinden, wenn er genau das gefunden hat, was seine einzigartige und spezifische Aufgabe im Leben ist. Indem er sich dieser Aufgabe, dieser Lebensform, diesen Menschen hingibt, findet er sich selbst. Für jeden einzelnen Menschen läuft der Sinn des Lebens darauf hinaus, dass er seine einzigartige Berufung erfüllen kann, etwas, das kein anderer an seiner Stelle zu tun vermag – was jedoch nicht bedeutet, dass er keinen Lohn für seine Arbeit braucht! *Deshalb haben alle Menschen einen Ruf.* Seine Berufung zu finden, ist kein Privileg einiger weniger Auserwählter, der Priester und Mönche oder prominenter Persönlichkeiten aus Kunst, Politik oder Wissenschaft. *Die Berufung ist fester Bestandteil des Wesens eines jeden Men-*

schen.“ (Hervorhebungen der Autorin.) Diese Sätze stammen aus einer Schrift, die das Kloster Rögle herausgegeben hat, und erfassen sehr gut die Bedeutung der Berufung. Zu erkennen, dass das, was man tut, ein Ziel und einen Sinn hat, und dass man sich als Mensch in einem Zusammenhang befindet, ist lebensnotwendig. Das Gefühl der Sinnlosigkeit spielt in Verbindung mit der Unruhe und dem Stress, die immer mehr Menschen plagen, eine bedeutende Rolle. Zwar ist dieses Phänomen nicht neu, aber es ist heute in einem solchen Ausmaß verbreitet, dass es zu einem echten Problem geworden ist. Schon in den siebziger Jahren interviewte der Journalist Studs Terkel eine große Anzahl US-amerikanischer Arbeiter und kam zu dem Schluss, dass die meisten Menschen „Aufgaben haben, die zu klein für unsere Seele sind“. Kann das der Grund sein, weshalb viele die Erfahrung machen, dass das Leben irgendwie aus dem Lot geraten ist, und sich nach mehr sehnen? Auf einen Ruf zu antworten bedeutet, bereit zu sein, sich zu seiner vollen Größe zu entfalten. Es gibt eine Aufgabe, die durch mich ihre Erfüllung sucht! „Bilde dir nicht ein, dass du etwas bist“, meint das Jantelagen (ein ungeschriebenes skandinavisches Gesetz des sozialen Zusammenlebens; Anmerkung der Übersetzerin) und lässt uns verkümmern. „Werde der, als welcher du gedacht bist!“, meint der Ruf und lässt uns über das hinauswachsen, was wir für möglich hielten. Die Wahrheit ist: Wir sind sowohl größer als auch kleiner, als wir ahnen. Vor einiger Zeit las ich von einer Gruppe Astronomen, die in Australien das galaktische Licht gemessen haben und zu dem Schluss gekommen sind, dass es mindestens zehnmal so viele Sterne im Universum gibt als Sandkörner an den Stränden und in den Wüsten hier auf der Erde. Der Gedanke ist schwindelerregend. Und dabei gelten diese Messungen nur für den Teil des Universums, der für uns mit Hilfe der modernen Teleskope sichtbar ist. Die tatsächliche Anzahl ist noch viel größer, wahrscheinlich unendlich. Jedes Sandkorn beinhaltet Milliarden von Atomen, die ihrerseits aus noch viel mehr kleineren Partikeln bestehen – die vielleicht aus noch viel kleineren Bestandteilen gebaut sind, den unfassbar kleinen schwingenden Fädchen, die die Stringtheorie postuliert. Zur selben Zeit, als ich von den Sandkörnern las, hörte ich die Fabel von den zwei Vögeln – einer Tannenmeise und einer Taube – die im Wald auf einer Fichte saßen. Der Winter war gekommen, und der Schnee fiel in rauen Mengen. „Weißt du, was eine Schneeflocke wiegt?", fragte die Tannenmeise. „Fast gar nichts, denke ich", antwortete die Taube. „Dann hör mal, was ich im letzten Frühjahr erlebt habe", sagte die Tannenmeise und erzählte, wie sie auf einem Baum gesessen hatte, als es zu schneien begann. Und sie hatte nichts Besseres zu tun, als die Schneeflocken zu zählen, die sachte auf den Ast fielen, auf dem sie saß. 413 655 Schneeflocken segelten nieder, während alles beim Alten blieb. Erst als die 413 656. Flocke landete, die „nichts" wog, geschah etwas Gewaltiges. Mit Krach und Getöse brach die mächtige Tanne zusammen und sorgte im Wald einige Augenblicke lang für ein riesiges Durcheinander.

Nachdem Ingrid Ohlén, Universitätslektorin für Chemie, mich in einem meiner Vorträge über dieses Thema reden gehört hatte, berichtete sie von den Übungen, die sie ihren Studenten im Grundkurs für Chemie aufgab. Zunächst bekamen sie die Aufgabe herauszufinden, ob es in der Wüste Sahara mehr oder weniger Sandkörner gibt als Kupferatome in einem Kupferkubus mit 10 cm Seitenlänge (dessen Volumen dann 1 l beträgt). Die Antwort lautet: Es gibt etwa hundertmal mehr Atome als Sandkörner! Danach erzählte sie ihnen, wie ein Atom aussieht. In unterschiedlichen Bahnen bewegen sich die Elektronen um den Atomkern herum. Wir können niemals genau sagen, wo sich ein bestimmtes Elektron zu einem gegebenen Zeitpunkt befindet, ganz gleich, wie genau unsere Instrumente auch sein mögen. Dieses Phänomen nennt man die Heisenberg'sche Unschärferelation. Das Universum ist ebenso unfassbar groß, wie ein Atom unfassbar klein ist. Und zwischen diesen Extremen leben wir unser Leben auf einem Erdball, der sich mit einer Geschwindigkeit von drei Meilen pro Sekunde durchs All bewegt.

Mensch sein bedeutet *sowohl* ein zerbrechliches kleines Pünktchen sein, das in einem unendlichen Universum dahinschwebt, *als auch* eine Person mit Sonderprägung, ein Gewicht, mit dem man rechnen muss: jemand, der durch seine Entscheidungen und Handlungen dazu beiträgt, zu bewahren und zu verwandeln, zu festigen, was ist, und auszuprobieren, was sein kann. Das Leben ist ein Paradox. Und es ist innerhalb dieses Paradoxes, dass wir unsere Aufgabe erspüren und wir selbst werden können.

Es gibt keine Muster, die uns sagen, wie wir mit einem Ruf umgehen können. Der Auftrag ist reich nuanciert und richtet sich nach unseren Talenten und Anlagen, nach unserer Persönlichkeit und unseren Vorlieben. Er kann sich auf ein Engagement in der Pflege, der Wohlfahrt, der Kultur, der Kirche, der Wissenschaft, der Politik, im Wirtschaftsleben oder im eigenen Heim beziehen. Er kann eine Mahnung darstellen, die Lebenssituation, in der wir uns gerade befinden, zu verlassen – oder zu bleiben und sie auszuhalten. Seine Gültigkeit kann sich auf ein lebenslanges Projekt oder auf einen zeitlich begrenzten Auftrag erstrecken. Wir können gerufen werden, etwas zu verfeinern und zu vertiefen, was wir bereits tun, oder auf etwas völlig Neues zu setzen, aufzubauen oder niederzureißen, etwas Eigenes zu erschaffen oder das zu verwalten, was andere gegründet haben, in der Gemeinschaft mit anderen tätig zu sein oder für uns alleine, hinaus in die Welt zu gehen oder dort zu graben, wo wir uns gerade befinden. Es geschieht nicht selten, dass wir an unserem Ruf vorbeischauen, weil er uns so gering und bedeutungslos erscheint. Wir bilden uns ein, dass *dieses* Wenige, um das wir uns kümmern, nicht als Ruf gelten kann, dass der *richtige* Ruf irgendwo anders zu finden ist, wohin wir – begrenzt von dem Leben, das wir in unserer Arbeit und unserer Familie führen sowie von anderen Verpflichtungen – leider nicht gehen können. Auf diese Weise unterschätzen wir uns selbst und erkennen nicht den Ruf, der uns persönlich gilt und der auf so viele verschiedene Arten gestaltet werden kann. Neulich veröffentlichte ein Zeitungsartikel das Zitat eines Sperrwächters einer U-Bahnstation in Stockholm: „Ich rede ein bisschen mit allen, die reden wollen, wünsche ihnen eine gute Reise, erkundige mich, wie es ihnen geht (…) ich bin stolz auf meine Arbeit und weiß, dass mich meine Kunden mögen. Ich weiß, dass ich meine Arbeit gut mache." Als er nach einem Unfall gezwungen war, sich krankschreiben zu lassen, bekam die SL (Großstockholmer Verkehrs AG) eine Menge von Briefen und Mails von Reisenden, die wissen wollten, was mit ihm passiert war und wann er seine Arbeit wieder aufnehmen würde. Das klingt so, als hätte dieser Mann einen Ruf gehabt, denke ich.

Unter meinen Bekannten gibt es die Besitzerin eines Cafés, den Chef eines größeren Unternehmens, eine Künstlerin, einen Kinderarzt, einen Psychiater, eine Pfarrerin, einen Logopäden, eine Schauspielerin, einen Klavierlehrer, einen Juristen, einen Sozialarbeiter, einen Taxifahrer, eine Übersetzerin, einen Damenfrisör, einen Möbeldesigner, einen Automechaniker, einen Immobilienmakler, einen Gartenbaumeister, eine Therapeutin, eine Vorschullehrerin und einen Schreiner. Das alles sind Menschen, die sich ganz und gar voneinander unterscheiden und in völlig verschiedenen Welten leben. Ihr gemeinsamer Nenner liegt darin, dass sie das, was sie tun, mit einem großen und starken Engagement tun. Jeder von ihnen macht den Eindruck, seine eigene, wahre Stimme gefunden zu haben und seiner eigenen Melodie treu zu sein. Welchen Ausdruck unser Ruf erhält, ist einzigartig und persönlich. Angesichts des Rufs sind wir alle gleich viel wert. Keiner hat einen wertvolleren Ruf als ein anderer. Es gibt keine Wege, die vollkommener sind als andere. Vor dem Ruf sind wir alle gleich. Der Weg zu unserem Ruf ist manchmal erstaunlich kurz. Es ist nicht ungewöhnlich, dass wir die Entdeckung machen: Mein Ruf ist das, was ich bereits tue. Was wir dann brauchen, ist eine andere Gesinnung, die Verwandlung unseres Herzens, damit wir klar sehen und unser Leben ernst nehmen können. Das Großartige liegt nicht immer darin, neue Dinge zu sehen, sondern das, was wir besitzen, auf eine neue Art zu sehen. Die Erfahrung eines Rufs bildet den Gegenpol zur Gleichgültigkeit und zur Banalität. Menschen benutzen oft starke Worte, wenn sie von ihrem Ruf reden. „Ich wurde gefunden", „Das bedeutet, endlich seinen richtigen Namen zu tragen", „Es fühlt sich an, als würde man vor dem Leben kapitulieren", „Plötzlich fiel der Blick auf mich" – das sind einige Ausdrücke, die ich gehört habe. Im Ruf treffen sich das Äußere und das Innere, das Kleine und das Große. „Der Ruf eines Menschen ist seine Menschwerdung", sagt Dag Hammarskjöld. Der Mensch ist dazu geschaffen, sich selbst zu verwirklichen und der zu werden, der er ist. Der Ruf lässt sich nicht mit einem statischen Selbstbild vereinbaren. Der Auftrag lautet, in seinen Ruf hineinzuwachsen und ihn Tag für Tag zu leben, sein ganzes Leben lang. Das ist der Sinn des Rufs.

Sich in sein Schicksal fügen

Jede Entwicklung geschieht im Zusammenspiel mit anderen Menschen und mit der Natur. Wir werden von der Geschichte und in einem bestimmten Zusammenhang geformt; teils von der *gemeinsamen Geschichte* (der Zeit und der Kultur, in der wir aufwachsen), teils von der *persönlichen Geschichte*, in der die Kindheits- und Jugenderfahrungen eine wichtige Rolle spielen, wenn es um die Ausformung des Charakters des erwachsenen Menschen geht und seine relative Fähigkeit, sich seines Potentials zu bedienen. Wir entstehen in Beziehungen, lernen voneinander Güte und Bosheit, Nähe und Liebe, aber auch Hass und Distanz. Unsere Möglichkeiten werden verwirklicht oder verleugnet, wir wachsen oder verkümmern, lernen, uns einander und unserer eigenen Tiefe zu nähern – oder uns davon zu entfernen. Wir sind geschaffen, um uns einander in Liebe und Vertrauen zuzuwenden. Die Fähigkeit zu lieben ist tief in unserer Natur verwurzelt, und dennoch kann es passieren, dass wir den Kontakt zu ihr verlieren. Die Erfahrung, ein geliebtes, erwünschtes Kind gewesen zu sein, verleiht uns eine unersetzliche Grundlage für eine dauerhafte Identität. Aber das Leben stiftet hier seine eigene Verwirrung. Bei weitem nicht alle Kinder haben einen guten Start. Viel zu viele von ihnen werden in eine Lebenslage hineingeboren, in der die Voraussetzungen fehlen, eine stabile, auf Liebe und Vertrauen gegründete Identität zu entwickeln. Natürlich sind die Bedingungen in der Kindheit nicht das Einzige, das uns formt; die Wirklichkeit ist viel komplexer. Und doch deutet vieles darauf hin, dass der wesentliche Grund für die Art und Weise, wie wir als Erwachsene sind, ganz früh in unserem Leben gelegt wird, und zwar in Verbindung mit den Menschen, die uns am nächsten stehen. Exponierte Kinder werden zu einem Zeitpunkt, da sie noch lange nicht reif dazu sind, gezwungen, alleine klarzukommen. Bereits als Säugling lernen sie, mit ihren Bedürfnissen Kompromisse einzugehen, zu gefallen und ihren Eltern zu Willen zu sein: Auf diese Weise versuchen sie, den Eltern die Liebe und Zuwendung zu entlocken, die diese nicht geben können. Im schlimmsten Fall bezahlt das Kind damit, dass es den Kontakt zu seinen tiefsten Bedürfnissen und seinen echten Gefühlen verliert. Dort aber, wo ihre innere Festigkeit nicht aufgebaut wurde, fehlt diesen Menschen jeder feste Halt, und sie gehen leicht verloren. Frühe Erfahrungen hinterlassen Spuren, die nicht auszulöschen sind, und manchmal Verletzungen, die niemals völlig heilen. Das kann sich in Form eines mangelnden Selbstwertgefühls oder von Minderwertigkeitskomplexen bemerkbar machen und kommt oft im Deckmantel der Selbstsucht und der Arroganz daher. Das, was ein Mensch nach außen zeigt, muss ganz und gar nicht ein Abbild seines Innersten sein. Hinter der Fassade des selbstsicheren Besserwissers, der arroganten feinen Dame, des eingebildeten jungen Mannes kann sich der Schatten eines exponierten kleinen Kindes verbergen, das sich hässlich und dumm fühlt und Angst hat. Wir ziehen viele Masken auf und verfügen über unzählige Tricks, um zu verschleiern, was in unserem Herzen geschieht. Wir können niemals wissen, wie es um einen Menschen bestellt ist, bevor wir ihm nicht nahe kommen durften.

Vertrauen macht verletzbar, und ein enttäuschtes Vertrauen kann dem Selbstvertrauen einen gehörigen Schaden zufügen. Es kann sehr, sehr schwer sein, jemandem nahe zu kommen, dem es an innerer Sicherheit fehlt. Die Angst vor Abhängigkeit lässt uns unsere Herzen verschließen und genau das von uns weisen, was wir am dringendsten benötigen. Wenn wir jedoch andere ausschließen, schließen wir gleichzeitig auch Teile von uns selbst aus. Vor langer Zeit waren wir gezwungen, dies zu tun, um uns in einer Welt zurechtzufinden, die wir nicht verstanden; erst viel später erkennen wir, was uns das wahrscheinlich gekostet hat. Leider gibt es eine Menge verloren gegangener Kinder, die in uns weiterleben und es uns schwer machen, eine Erwachsenenrolle auf uns zu nehmen. Immer aufs Neue wiederholen wir Verhaltensmuster, die einst entstanden sind, um uns das Überleben zu erleichtern, die wir jetzt jedoch längst nicht mehr gebrauchen können. Ich glaube, dass wir eine starke Antriebskraft besitzen, das wiederherzustellen, was kaputtgegangen ist, wieder zu uns zurückzukehren und das zu werden, was uns unser inneres Reservoir bereitstellt. Um zurückzukehren, kann es für uns notwendig sein, uns dem Vergangenen wieder zuzuwenden, die Wahrheit zu suchen und uns mit unserer eigenen Geschichte zu konfrontieren, um uns anschließend mit ihr zu versöhnen. Einige Zeilen aus dem Gedicht *Das verborgene Leben* von Matthew Arnold lauten folgendermaßen:

> Und immer wieder in der Straßen Gewimmel,
> Und immer wieder im Kampfgetümmel
> Befällt uns ein unstillbares Verlangen,
> Was in uns verborgen, zu ergründen;
> Ein rastloser Drang, unsere Kräfte zu nutzen,
> Um unseren wahren Weg zu finden.

Es kommt der Tag, an dem wir einsehen, dass die Zeit des verloren gegangenen Kindes der Vergangenheit angehört. Nun sind wir es selbst, die darüber bestimmen können, wie unser weiteres Leben aussehen soll. Ganz gleich, wie schwer es ein Mensch auch immer gehabt haben mag: Er ist niemals vollständig Opfer seines Schicksals.

Schicksal ist ein spannender Begriff, über den wir nachdenken können. In der englischen Sprache gibt es dafür zwei Wörter – *fate* und *destiny* –, die im Deutschen für gewöhnlich mit einem einzigen Ausdruck wiedergegebenen werden: *Schicksal.* Zwischen *fate* und *destiny* gibt es – wie ich in einem meiner früheren Bücher, *Det omöjliga yrket (Der unmögliche Beruf)*, bereits erwähnt habe –, einen wichtigen Unterschied. Beide Begriffe stammen aus dem Lateinischen, *fate* von *fatum* (das, was ein Seher sagt) und *destiny* von *destinare* (was unter anderem bedeutet: etwas festlegen, von vornherein bestimmen), das mit dem Wort für das endgültige Ziel, die *Destination*, verwandt ist. Das Wort *destiny* bezieht sich teils auf eine Richtung, teils auf einen Plan oder ein Ziel. *Destiny* hat mit den Möglichkeiten zu tun, damit, inwiefern sie verwirklicht werden oder nicht. Angesichts der einzigartigen Mischung aus Grenzen und Potenzial, die jede Person aufzuweisen hat, deutet *destiny* auf einen denkbaren Weg hin, falls nicht ein launisches *fate* eintritt und einen ganz anderen Kurs einschlägt. Stellen Sie sich beispielsweise einen jungen Mann vor, der schon zeitig ein großes musikalisches Talent aufweist. Er bekommt Unterstützung und Ermunterung, um es bis ins Äußerste zu entwickeln. Sein Talent blüht auf, alles deutet auf eine leuchtende Zukunft auf musikalischem Gebiet hin, bis zu dem Zeitpunkt, da den jungen Mann eine Nervenkrankheit befällt, die allen Plänen Einhalt gebietet. Auf einmal ändern sich die Umstände. Der junge Mann muss das Hindernis überwinden und einen anderen Weg als den bis dahin erdachten einschlagen. Wurde er nun vom *fate* befallen oder vom *destiny* erwählt? Es kommt darauf an, wie man das sieht.

Ein weiteres Beispiel dafür, wie *fate* und *destiny* zusammenspielen können, bietet der kleine Junge, der so sehr dazu gezwungen wird, sich den Bedürfnissen seiner Mutter und ihrem klaren Bild davon, wie ihr Sohn zu sein hat, anzupassen, dass er frühzeitig jeden lebendigen Kontakt mit sich selbst und seinen tatsächlichen Gefühlen und Bedürfnissen verliert – im Unterschied zu dem kleinen Mädchen, das das Glück hatte, in eine Familie hineingeboren zu werden, in der sie ausreichend Hilfe und Unterstützung bekommt, um ihre ganz eigene Persönlichkeit zu entwickeln. Im Falle des Jungen stellt die Mutter ein Hindernis in der Entwicklung des Kindes dar, mit den Worten des englischen Psychoanalytikers Christopher Bollas ausgedrückt: eine schicksalsschwere Gegenwart, eine „fateful presence". Im Falle des Mädchens ist die Mutter dagegen ein Werkzeug des Schicksals, ein „instrument of destiny". Durch ihre Verhaltensweise hilft sie ihrem Kind dabei, seinem eigenen, wahren Wesen Ausdruck zu verleihen. So ist das mit uns Menschen. Zu jedem Zeitpunkt ist unser Leben mit dem der anderen verwoben; um zu wachsen, sind wir voneinander abhängig. Nur im Zusammenspiel miteinander blühen oder welken wir dahin, werden wir weise oder dumm, reifen wir oder bleiben wir stehen. Wie verhalten wir uns denjenigen gegenüber, die uns nahe stehen? Sind wir füreinander ein Hindernis oder ein Werkzeug? Sehen wir in allem das Gute oder lassen wir unseren Blick von dem trüben, was weniger gut ist? Dazu hörte ich neulich folgende Geschichte: Vor langer, langer Zeit gab es ein Kloster, zu dem jahraus, jahrein Tausende von Menschen wallfahrten, um Schönheit zu erleben und weise Worte zu hören. Als der Abt starb, wurden die Mönche uneins. Die Stimmung verschlechterte sich, das Kloster verfiel, und allmählich schwand auch sein guter Ruf dahin. Die Menschen suchten es nun nicht mehr auf. Die Mönche wurden alt und starben nach und nach, bis schließlich nur noch fünf übrig blieben. Eines Tages, als Bruder Leo im Wald spazieren ging und über die ungewisse Zukunft des Klosters grübelte, begegnete er einem alten Rabbi. Sie kamen ins Gespräch, und Leo erzählte ihm von allem, was sein Herz schwer machte. Der Rabbi hörte zu, konnte ihm aber keinen Rat geben. Doch in eben dem Augenblick, da sie voneinander Abschied nehmen wollten, leuchtete sein Gesicht auf. Ihm fiel ein, dass einer dieser Mönche ein echter Heiliger war. Er sagte es und ging dann seines Weges. Bruder Leo wusste nicht, was er von dieser seltsamen Begegnung denken sollte. Als er den anderen davon erzählte, lachten sie nur, und das Leben nahm wieder seinen gewohnten Lauf. Und dennoch war nicht alles gleich geblieben. In jedem der Mönche schlug der Keim eines Gedankens Wurzeln. Was wäre, wenn der Rabbi Recht haben sollte?! Welcher von ihnen war denn wohl der Heilige? War es vielleicht Bruder Johann, der allzeit hilfsbereite? Oder war es Bruder Matthias, der die heiligen Schriften auswendig kannte? War es vielleicht Bruder Thomas, der ohne zu klagen die schwersten Arbeiten verrichtete? Oder Bruder Lukas, der dafür sorgte, dass sie immer Speise auf ihrem Tisch hatten? Könnte ich es sogar selbst sein? Die Mönche begannen sich gegenseitig mit anderen Augen zu betrachten. Die Stimmung verbesserte sich, sie bekamen Kraft, das in Stand zu setzen, was sie hatten verfallen lassen, sowohl am Gebäude als auch an ihrer Gemeinschaft. Wieder fanden die Menschen ihren Weg ins Kloster, und einige von ihnen blieben und wurden mit der Zeit Mönche. Das Kloster erblühte zu neuem Leben, gedieh und gereichte den Menschen viele lange Jahre zur Freude! Die Moral der Geschichte liegt auf der Hand. Die Art und Weise, wie wir behandelt werden, ist zu einem wichtigen Teil dafür verantwortlich, wie wir uns entwickeln. Wenn wir hinter die Fassade schauen und das Positive in den Menschen suchen, kommt dabei oft etwas Gutes zu Stande.

In seinem Buch *Freiheit und Schicksal* schreibt Rollo May über die unterschiedlichen Umstände des Schicksals. Diese unterteilt er in a) *kosmische Umstände* (wie beispielsweise Geburt, Tod und Naturkatastrophen), b) *genetische Umstände* (wie beispielsweise Geschlecht, Anlagen und Begabungen), c) *kulturelle Umstände* (wie beispielsweise Familie, Gesellschaft und Geschichte) und d) *zufällige Umstände* (wie beispielsweise Krieg und Veränderungen in der Weltwirtschaft). Gegenüber dem Schicksal gibt es verschiedene Verhaltensmöglichkeiten: Man kann mit ihm a) *zusammenarbeiten*, b) *sich seiner bewusst sein und es erkennen*, c) *es für seine Zwecke einspannen*, indem man sich ihm gegenüber aktiv verhält, d) *es herausfordern* und e) *sich weigern, es anzunehmen, und aktiven Widerstand gegen das Schicksal leisten.*

Viele klagen darüber, vom Leben verletzt worden zu sein, und fühlen sich durch ein ungerechtes Schicksal behindert. Es ist ein entscheidender Unterschied, ob wir *Fatalisten* oder uns *des Schicksals bewusst* sind. An eben diesem Punkt kommt der Ruf ins Spiel. Denn derjenige, der sich selbst als Sklave der Umstände erlebt, fühlt sich auch nicht frei dazu, eine Entscheidung zu treffen. Dabei ist der keimende Gedanke, etwas zu *wollen*, oft ein erstes Zeichen für den Ruf. Einen Ruf zu erahnen und diesen Gedanken heranreifen zu lassen, kann eine Möglichkeit darstellen, *fate* in *destiny* zu verwandeln: mit dem Leben zusammenzuarbeiten, statt sich dagegen aufzulehnen, und der Wirklichkeit ins Auge zu blicken, während man gleichzeitig weiß, dass man nicht Sklave seiner Vergangenheit ist. Ich habe darüber in Zusammenhang mit mir selbst nachgedacht. Als junge Frau entschloss ich mich, meine Heimat England zu verlassen. Ich brauchte Abstand zu einem Leben, das gerade begonnen hatte, aus den Fugen zu geraten, und wollte für einige Jahre weg von zu Hause. Ich bekam zwei Angebote, eines als Lehrerin in einer Mädchenschule in Ankara und eines als Englischlehrerin an der Volkshochschule in Stockholm. Die Türkei sagte mir zu, aber ich nahm wieder Abstand von dieser Möglichkeit, als ich einen Brief bekam, in dem stand, ich müsse mir einen Kühlschrank zulegen. Ich war eine arme Studentin und hatte für so etwas kein Geld. Außerdem war ich in einen Mann verliebt, der in Warschau lebte, und da lag Schweden schon günstiger. Also wurde es Stockholm, und ich hatte vor, ein Jahr zu bleiben. Jetzt ist es mehr als vierzig Jahre her, dass ich aufgrund vollkommen zweifelhafter Überlegungen einen Beschluss fasste, der mein Leben radikal veränderte. Als ich vor einigen Jahren zum ersten Mal in der Türkei war, hatte ich starke Gefühle für dieses Land, das beinahe meines geworden wäre. Menschen und Musik, Düfte und Speisen weckten eine schlummernde Sehnsucht, ein Wiedererkennen, das ich nicht recht verstehen konnte. Mein erster Impuls war es, über die verlorenen Möglichkeiten zu klagen und mein Schicksal in Frage zu stellen. Was für ein Mensch wäre ich geworden, wenn ich mich, statt nach Stockholm zu gehen, in Ankara niedergelassen hätte? Wie hätte da mein Leben ausgesehen? Für einen kurzen Augenblick vergaß ich all das Schöne aus meinem Leben und sah lediglich die Mängel. Vor allem verlor ich aus dem Blick, dass ich selbst es gewesen war, die eine Wahl getroffen hatte. Nicht das, *was geschieht*, sondern das, *was man daraus macht*, entscheidet über die Qualität unseres Lebens. Wir suchen uns nicht immer die Situationen aus, in denen wir uns befinden; allerdings entscheiden wir uns immer, wie wir uns zu ihnen verhalten. In seinem Buch *Roman eines Schicksallosen* schreibt Imre Kertész: „Auch ich hatte ein vorgegebenes Schicksal erlebt. Es war nicht mein Schicksal, aber ich war es, der es durchlebte – und ich konnte nicht begreifen, dass sie das nicht in ihren Schädel kriegten: Ich war nun gezwungen, etwas damit anzufangen, es in irgendetwas zu fügen, es zu etwas zu fügen, ich konnte mich jetzt nicht damit begnügen, dass es ein Versehen war, ein Zufall, etwas, das aus den Fugen geraten oder vielleicht nicht einmal geschehen war." Die Gesellschaft ist, wie sie ist. Äußere Umstände ändern sich nicht im Handumdrehen. Und doch können wir, wenn wir es wollen, mitten darin anders leben. Manchmal vergessen wir unsere Freiheit. Oder wollen wir sie gar nicht sehen? Unsere innere Entscheidungsfreiheit ist größer, als wir meinen. An dem Tag, an dem wir einsehen, dass wir nicht am Gängelband des Schicksals laufen müssen, gerät unser Leben in eine neue Lage. Christopher Bollas spricht von dem „drive to destiny" – so etwas wie der Trieb, der Mensch zu werden, der zu sein man gedacht ist, eine grundlegende und mächtige Kraft, die uns dazu antreibt, „uns durch Erfahrungen, die dieses Potential freilegen, unserem eigenen wahren Sein anzunähern". Unterwegs dorthin müssen wir uns mit unserer Geschichte aussöhnen und mit unserem *destiny* zusammenarbeiten, indem wir die Grundfragen lebendig erhalten: Wer bin ich eigentlich, und was ist meine Aufgabe in diesem Leben? „Ich weiß nicht, wer – oder was – die Frage stellte. Ich weiß nicht, wann sie gestellt wurde. Ich erinnere mich nicht, ob ich antwortete. Aber einmal antwortete ich *Ja* zu jemandem – oder zu etwas. Von jenem Augenblick rührt die Gewissheit her, dass das Dasein sinnvoll ist, und dass darum mein Leben, in Unterwerfung, ein Ziel hat", schreibt Dag Hammarskjöld in Erinnerung an seinen Ruf in *Zeichen am Weg*. Der Sufidichter Jalal ad-Din Rumi (1207–1273) schreibt in einem Gedicht:

> Am jüngsten Tag wird Gott sagen:
> „Was hast du getan mit der Kraft und Stärke,
> die dir auf Erden deine Nahrung gab?
> Wie hast du deine Augen genutzt?
> Was hast du mit deinen fünf Sinnen getan,
> während sie dunkel wurden und matt?
> Ich gab dir Hände und Füße als Werkzeuge,
> den Boden zu bereiten für die Saat.
> Ich gab dir Gesundheit, damit du pflügst.
> Hast du das auch getan?"

Wenn sich ein Ruf bemerkbar macht, gibt es zwei Alternativen: Die Antwort kann lauten: „Ja" oder „Nein".

Die große Herausforderung

Es gibt Stunden, da sind wir in vollkommenem Einklang mit uns selbst. Die Zeit steht still, wir gehen völlig auf in dem, was wir tun, wir sind erfüllt von Ruhe und Zufriedenheit, aber auch voller Lust und Energie. Wir werden ganz eingenommen von dem, was ist, und fühlen uns vollkommener und lebendiger als sonst. Wir können tun, was wir tun möchten: Musik hören, den Wagen reparieren, ein Gebet sprechen, an einem Krankenbett wachen, Holz hacken, im Café sitzen, bis über die Ohren in Arbeit stecken, mit den Kindern spielen, im Wald spazieren gehen, auf den Zug warten, einen Pullover stricken, einem Nachbarn helfen, Tango tanzen – oder was wir sonst so tun in diesen verklärten Augenblicken voller Leben und Harmonie, die ihre Spuren hinterlassen und nach denen wir uns später sehnen. Doch sie leben ihr eigenes Leben, und wir können sie nicht willentlich hervorrufen. Von außen betrachtet passiert nichts Besonderes, das Wunder geschieht im Inneren. Das Gefühl lässt sich schwer in Worte fassen. Wir können eine Ahnung davon bekommen, wenn wir uns beispielsweise vorstellen, wie anders wir uns fühlen, wenn uns ein richtig guter Roman gefangen nimmt – im Gegensatz zu den zerstreuten Augenblicken, in denen wir in einer Zeitschrift blättern; oder wenn wir im Fernsehen eine Sendung über ein wichtiges aktuelles Thema sehen – im Gegensatz zu dem teilnahmslosen Anschauen einer billigen Soap. Stellen Sie sich einfach vor, wie groß der Unterschied ist, ob Sie vertraulich mit einem Freund reden oder an einer Bushaltestelle einige zu nichts verpflichtende Worte mit einem Fremden wechseln. Ob Sie sich ruhig hinsetzen und an einem schön gedeckten Tisch eine gute Mahlzeit genießen oder im Stehen ein in Kunststoff verpacktes Fastfood in sich hineinschlingen. Es ist ein großer Unterschied, ob wir ganz und gar gegenwärtig sind in dem, was wir gerade tun, oder aber innerlich zerrissen und außer uns sind – ob wir uns auf der Oberfläche unserer selbst bewegen oder aber uns auf dem Weg zu unserem Innersten befinden. Folgende Erzählung aus der buddhistischen Tradition gibt die Schönheit und Stärke wieder, die in der vollkommenen

Gegenwart steckt: „Eines Tages geschah es: Nicht ich schoss den Pfeil, sondern der Pfeil schoss sich selbst. War ich es, der den Bogen spannte, oder spannte der Bogen mich? War ich es, der ins Ziel traf, oder traf mich das Ziel? Alles – Pfeil, Bogen, das Ziel und ich selbst – schmolz zusammen. Und zu allem Überfluss hatte ich nicht das Bedürfnis, es auseinander zu nehmen." In einem solchen Augenblick ist es sinnlos, zwischen dem zu trennen, was wir sind, und dem, was wir tun. In diesem Augenblick ist die Wirklichkeit genau so, wie sie ist. Solche Momente können Vorzeichen eines veränderten Blickes auf uns selbst und auf das Leben sein.

Diese Art von Erfahrungen machen Menschen öfter, als wir denken, und zwar nicht nur religiöse Mystiker, sondern auch ganz gewöhnliche Menschen. Eine gute Möglichkeit, über unser Leben nachzudenken, besteht darin, zu lernen, solche flüchtigen Augenblicke wahrzunehmen und zu hören, was sie uns sagen wollen. Es kann uns eine Hilfe sein aufzuzeichnen, wann und was da geschieht und wie es sich anfühlt. Nicht selten können wir den Weg des Rufs in den kleinen Tätigkeiten des Alltags erahnen, in dem, was leicht an uns vorbeigeht, wenn wir uns mit dem beschäftigen, was wir für wertvoller halten, was aber bei näherer Prüfung das Erlebnis dessen hervorruft, was ich wirklich *will.* Eine Möglichkeit, unsere Aufmerksamkeit zu schärfen, kann darin bestehen, über Fragen nachzudenken wie: Worauf freue ich mich, wenn ich morgens aufwache? Was weckt meine Begeisterung? Was würde ich tun, wenn ich wüsste, dass ich nur noch ein Jahr zu leben hätte? Was würde ich in meinem Leben ändern, wenn ich so viel Geld hätte, dass ich nicht mehr arbeiten müsste? Was würde ich einem jungen Menschen antworten, wenn er mich fragte, über welche drei Dinge in meinem Leben ich am stolzesten bin? Was würde ich sagen, wenn ich im Fernsehen drei Minuten zu meiner Verfügung hätte? Wir können uns auch die

Frage stellen: Was kann ich besonders gut? Was tue ich gern? Was braucht diese Welt in erster Linie? Schreiben Sie anschließend eine Liste mit mindestens fünf spontanen Antworten auf jede Frage und ordnen Sie die Antworten auf einer Skala von eins bis fünf, ihrer Wichtigkeit nach; dabei soll fünf dafür stehen, dass Sie etwas ganz besonders gut können, etwas schrecklich gerne tun würden und dass dies etwas ist, was die Welt wirklich braucht. Wenn Sie dann Ihre Listen untereinander vergleichen, wird Ihnen deutlich auffallen, inwiefern die unterschiedlichen Aspekte miteinander übereinstimmen. Im Grunde geht es darum, dass wir ein liebevolles Verhältnis zu uns selbst pflegen, und das bedeutet, dass wir unsere Grenzen anerkennen und uns über unsere Begabungen freuen. Es lohnt sich nicht, Mängel zu verbergen und uns für das zu schämen, was wir sind und nicht sind, was wir können und nicht können. Keiner von uns ist vollkommen, doch haben wir auch alle etwas Besonderes zu geben. Ein bisschen Verspieltheit tut immer gut, wenn wir herausfinden möchten, was im Leben wichtig ist, wovon wir gerne mehr hätten und was wir möglichst bald loslassen sollten.

Der Rabbi Marc Gafni verwendet den Ausdruck *soul print* – seelischer Abdruck. So wie ein Fuß seine Spur im Sand hinterlässt, lässt auch die Seele ihren Abdruck in der Welt zurück. Der seelische Abdruck ist eine einzigartige, seelische Signatur. Es gibt Menschen, die ein besonders starkes Gefühl der Anwesenheit vermitteln – wir spüren dies, sobald sie in unsere Nähe kommen, und die Wahrnehmung, die wir von diesen Personen haben, bleibt bestehen, auch nachdem sie gegangen sind. Der seelische Abdruck ist unser persönliches Wesen, ein Ausdruck für all das, was wir sind und waren, das Einzigartige an uns. Manche von uns verlieren ganz früh den Kontakt zu ihrem seelischen Abdruck. Er gerät zum Ausnahmezustand und verschwindet manchmal ganz aus dem Blickfeld. Wenn wir uns –

beispielsweise mit Hilfe der Psychotherapie oder indem wir über unser Leben schreiben – in unsere Kindheit zurückversetzen, können wir unseren seelischen Abdruck wieder zum Leben erwecken; dann wird es uns auch möglich, wieder an das anzuknüpfen, was verloren gegangen ist. Augenblicke der Ganzheit und der Gegenwart bezeichnet Gafni als Augenblicke des seelischen Abdrucks *(soul print moments)*. Hinweise auf den seelischen Abdruck *(soul print hints)* sind Ahnungen von dem, was in uns noch unerforscht ist. Eine Möglichkeit, unser Bewusstsein vom seelischen Abdruck zu vertiefen, besteht darin, aktiv nach unserem Ausdruck zu suchen. Wir sehen oder hören etwas, was uns einhalten und ihm nachspüren lässt, was uns eine plötzliche Inspiration eingibt. Alles, was in unserem Leben geschieht und uns uns selbst näher bringt, ist Gafni zufolge ein Lehrer unserer Seele *(teacher of soul)*.

Der Gerontologe Harry R. Moody schlägt vor, dass wir jeden Tag eine kurze Zeit dafür vorsehen, an einem bequemen Ort in aller Einfachheit zu beobachten, was geschieht – Gedanken, Gefühle, Bilder, Wahrnehmungen; eine Zeit, in der wir unsere Sinne von allen Belanglosigkeiten reinigen und uns unseres inneren Lebens annehmen. In einem seiner Bücher beschreibt Irvin Yalom eine Übung, die uns dabei helfen kann. Nehmen Sie zunächst acht Zettel und schreiben Sie auf jeden einzelnen eine Antwort auf die Frage „Wer bin ich?“, so dass Sie schließlich acht Begriffe formuliert haben, die für die Frage, wie Sie sich selbst erleben, von Bedeutung sind. Sehen Sie danach die Antworten durch und ordnen Sie sie so, dass die am wenigsten wichtige Antwort zuoberst und die wichtigste zuunterst liegt. Schauen Sie sich anschließend den obersten Zettel an und überlegen Sie einige Minuten, wie das Leben aussehen würde, wenn das Geschriebene nicht mehr vorhanden wäre. Machen Sie dasselbe mit den anderen Zetteln, einem nach dem anderen, bis alles weg ist und allein die Antwort übrig bleibt: „Ich selbst". Und verweilen Sie einige Augenblicke bei diesem Gedanken. Es gibt viele Möglichkeiten, seine Aufmerksamkeit zu schärfen und ein feineres Gespür zu entwickeln.

Die meisten von uns verfügen über viel größere Fähigkeiten als die, die wir tatsächlich in Anspruch nehmen. Eine ganze Menge Energie und Talente gehen Tag für Tag verloren, ohne dass wir es merken. Diese Einsicht kommt nicht im Handumdrehen, die Reise nach innen braucht ihre Zeit. Manchmal geht sie jedoch rasant, oft im Zusammenhang mit irgendeiner Krise. Herauszufinden, welches Potential wir haben, und uns dafür bereit zu machen, es zu nutzen, kann jedoch einen größeren Teil unseres Lebens ausmachen. „Vor allem anderen möchte ich nutzbar werden", schreibt die christliche Mystikerin Hildegard von Bingen, die im 12. Jahrhundert lebte, an einen Freund. Ich denke, viele von uns wollen das auch; in der Praxis ist es allerdings nicht so einfach. Während wir zu unserer eigentlichen Größe heranwachsen möchten, gibt es außerhalb wie innerhalb von uns selbst Gegenkräfte, die uns dort festhalten, wo wir uns gerade befinden, eine Ambivalenz, die, wenn der Ruf an unsere Tür klopft, uns dazu verlockt zu bremsen, rückwärts zu gehen, zu leugnen, aufzuschieben und zu zweifeln.

Zum Reifen gehört dazu, die widerstreitenden Neigungen zu erfassen, ohne ihnen zu viel Gewicht beizumessen. Es gehört dazu, alle Arten von Gefühlen zuzulassen und zu spüren, wie sie uns in verschiedene Richtungen ziehen, ohne uns allzu sehr von unserer Hauptspur abbringen zu lassen. Gegensätzliche Gefühle sind lästig, jedoch ungefährlich. Bloß deswegen, weil wir Gefühle zulassen, müssen wir sie noch lange nicht in konkrete Handlungen umsetzen. Fühlen ist kein Synonym für tun. Außerdem ist es natürlich, dass sich Gefühle verstärken, wenn man gegen sie kräftig ankämpft. Es reicht vollkommen, uns der unterschiedlichen Kräfte, die an uns zerren und reißen und uns manchmal aus unserer Spur bringen, bewusst zu sein. Und es reicht, in Alarmzustand zu geraten, wenn wir dazu verführt werden, in eine andere Richtung zu gehen, als dorthin, wohin wir tief in unserem Inneren wollen.

Dag Hammarskjölds Definition von Reife lautet „seine Stärke nicht zu verbergen und sie nicht aus Schüchternheit unter ihrer vollen Größe zu leben". Manche verleugnen das Beste in sich selbst, stellen lieber ihre Schwächen zur Schau, als ihre starke Seite zu zeigen, so als ob das, was aufbaut, mehr beunruhigen würde, als das, was zerstört. So kann es sich für einen Menschen verhalten, den seine Erfahrungen gelehrt haben: Es ist viel sicherer, unsichtbar zu sein und im Erdboden zu verschwinden, als aufzustehen und zu zeigen, dass man jemand ist, mit dem gerechnet werden kann. Für denjenigen, der eine solche Einsicht in seinem Gepäck mitführt, ist es gar nicht so selbstverständlich, sich selbst und sein Leben ernst zu nehmen. Manchmal scheint es, als hätten wir mehr Angst zu leben als zu sterben. Haben wir Angst davor, alt zu werden, bevor wir jemals richtig erwachsen waren? Jeder von uns hat die eine oder andere Begabung – es sei allerdings nicht so üblich, es zu wagen, seine Gaben zu entwickeln, habe ich neulich gelesen. Einige geben auf, bevor sie ihre Flügel erprobt und erfahren haben, was sie vermögen. In Pelle Bengtssons Buch *Der Punkt der Einfachheit* steht: „Wenn ich niemals das werde, als was ich erdacht war, sondern immer das bleibe, wofür ich nicht gedacht bin, verbringe ich die Ewigkeit damit, mir selbst zu widersprechen." An dem Tag, an dem wir einsehen, dass unser Leben *einerseits* einen einzigartigen Wert hat und dass es *andererseits* endlich ist, haben wir den Punkt erreicht, an dem es fruchtbar ist, die Fragen zu stellen, die diesem Buch zu Grunde liegen: „Wo gehe ich hin?", „Will ich wirklich dorthin gehen?", „Wie möchte ich mein Leben führen?" Auf unsere Antworten sollten wir aufmerksam horchen.

Mikael Wiehe schreibt in einem Zeitungsartikel, er möchte „in sein Inneres fallen wie ein Stein in einen Brunnen und schauen, wo er landet, was er da drinnen finden kann“. Der Kern der Berufung liegt im Bemühen, in diesen Brunnen einzutauchen, seine Gnadengaben zu bejahen, seine tiefste Identität zu bestätigen, alle seine unterschiedlichen Seiten anzunehmen und ganz zu werden. Es bedeutet zuzulassen, dass man von einem selbst überfallen wird, hat jemand gesagt. Eine meiner Lieblingserzählungen handelt von dem Rabbi Susja, der auf seinem Sterbebett zu seinen Jüngern sagte: „Im kommenden Leben wird mich Gott nicht fragen: ‚Warum warst du nicht Moses?‘ oder ‚Warum warst du nicht Abraham?‘, sondern ‚Warum warst du nicht Susja?‘“ Es gibt ebenso viele Berufungen wie Menschenseelen, die Botschaft lautet aber immer gleich: Komm, bevor es zu spät ist! Seine Berufung zu suchen bedeutet, seinem Innersten zu nahen. Darin liegt die große Herausforderung.

Die Zeichen der Berufung

Es ist eines, eine Ahnung davon zu haben, dass in meinem Leben etwas Wesentliches im Gange ist, und etwas anderes, sicher zu sein, dass der Weg, der sich vor mir entfaltet, der richtige ist. Wie können wir die Gewissheit erlangen, dass wir es mit einer Berufung zu tun haben? Dass es sich nicht lediglich um eine Eingebung des Augenblicks handelt, um einen Einfall ohne jede Substanz, um eine Methode, Schwierigkeiten aus dem Weg zu gehen, oder um ein Produkt unserer Fantasie, das der Wirklichkeit niemals standhält? Wähle ich einen bestimmten Weg, um mich kompetent zu fühlen, um bestärkt, akzeptiert oder bewundert zu werden? Liegt dem ein Bedürfnis nach Macht oder Kontrolle zu Grunde? Locken mich Status oder

Gehalt? Versuche ich meine Fehler und Mängel zu kompensieren? Was treibt mich eigentlich an, und kann ich mich darauf verlassen? In einem Artikel über Berufung und Identität aus dem Buch *Drabbad (Ergriffen)* greift Björn Wiedel drei Arten auf, wie man seine Berufung erleben kann: 1) als *Reichtum* – als eine Herausforderung, die zu einem Auftrag führt, der seinerseits die eigene Identität verstärkt, 2) als *Bürde* – als eine Last, die man tragen muss, ob man will oder nicht, 3) als *Ahnung* – als ein Zeichen dafür, dass ein persönlicher Auftrag heranreift und ein Weg sich bahnt. Es kann schwierig sein zu wissen, was was ist. Außerdem tritt das Erleben einer Berufung selten in „reiner" Form auf. Wie sonst auch in unserem Leben gibt es in der Berufung ebenfalls gemischte Motive.

Die Stimme der Berufung ist oft indirekt. Sie spricht durch unseren tiefsten Willen, durch denjenigen, der nach der Wahrheit sucht, oftmals jedoch von den vielen kleinen, widerstreitenden Wünschen und Begehren jeglicher Art übertönt wird, die uns für das unempfindlich machen, was wir wirklich brauchen. Jeder Einzelne muss sich herantasten und in seinem eigenen Rhythmus zu der Einsicht gelangen, was er mit seinem Leben anfangen möchte. Schwanken und Zaudern sind dabei natürlich. Doch ist das kein Grund zur Besorgnis. Was keine Substanz hat, löst sich mit der Zeit auf. Leere Gedanken verklingen und verschwinden, flüchtige Gefühle werden matt. Eine echte Berufung lässt uns nicht allzu lange in Ruhe. Hinter der Verwirrung und den widerspenstigen Gefühlen kann der Keim zu etwas Gutem liegen, zu etwas, das Frucht trägt und – wenn die Zeit reif ist – geerntet werden kann. Diesen Prozess stören wir, indem wir von uns und den anderen erwarten, perfekt zu sein. Dieser ständige Druck macht es uns schwer, ruhig zu werden und zu erspüren, wohin uns der Ruf führt. Darauf werde ich zurückkommen, wenn ich später über den Prozess des Erkennens schreibe.

In seinem Buch *Wer niemals zweifelt …: Ein ABC des Glaubens* meint Frederick Buechner, eine echte Berufung weise zwei notwendige Kennzeichen auf. Das *erste Kennzeichen* ist Freude und Enthusiasmus. Dieses war Hildegard von Bingen vertraut. Da sie auch viel über Gartenbau wusste, benutzte sie häufig Ausdrücke aus diesem Bereich. *Ariditas* ist ein Zustand des Austrocknens, wenn der Boden nicht das bekommt, was er braucht, damit die Saat keimen kann. Sie steht im Gegensatz zur *viriditas*, der üppigen, grünen, blühenden Natur. Im symbolischen Sinne steht *ariditas* für das trockene, gleichgültige Herz und *viriditas* für die selbstlose Huldigung an das Leben. Lauheit ist eine Geißel, die den Tod ins Leben eindringen lässt. Wir dürfen in unserer Begeisterung regelrecht glühen. Nicht weil die Dinge schwer sind, trauen wir uns nicht. Weil wir uns nicht trauen, sind die Dinge schwer. Ich bin begeistert von Rumis Gedicht *Brennen, brennen:*

> Ich schaue nicht nur auf Sprache und Zunge;
> ich schaue auf den Geist und das innere Gefühl.
> Ich schaue in das Herz, ob es auch Tiefe hat …
>
> Genug der Sätze, der Einbildungen und der Metaphern!
> Ich will das Brennen, Brennen …
>
> Entfache ein Feuer der Liebe in deiner Seele,
> Verbrenne jeden Gedanken und Ausdruck!
>
> Moses, wer Sitten und Gebräuche kennt, gehört zu einem Schlag;
> wer eine Seele hat, die brennt, zu einem andern.

Es gehört Mut dazu, sich hinzugeben, sich berühren zu lassen, für etwas zu brennen zu wagen in dem Wissen, dass selbst das mächtigste Feuer schließlich erlischt. Dem Leben entgegenzugehen, ohne zu leugnen, dass Veränderungen unausweichlich sind, zu lieben ohne eine Garantie dafür, wie lange man beim Geliebten sein darf. Seine ganze Kraft einzusetzen, ohne sich unempfindlich zu machen für die Wirklichkeit, die Krankheit und Tod in sich bergen, kühn sein Herz zu entblößen, ohne zu wissen, wie lange man von Trauer verschont bleibt. Das Leben fordert uns zu diesem so herrlichen und so gefährlichen Tanz auf. Es ist menschlich, dass wir manchmal in die Bremse treten, unsere Gefühle in Schach halten und halbherzig den Weg einschlagen möchten, der am wenigsten Widerstand bietet. Das lebendige Herz muss unterhalten werden, sonst verlischt es und stirbt. Was in uns Freude weckt, kann ganz wohl das Anzeichen eines Rufs sein. Womit ich nicht sagen möchte, dass es immer leicht, bequem und besonders lustig ist, dorthin zu gehen, wohin der Ruf zeigt. Wir können nicht immerzu glühen. Die Flamme leuchtet nicht immer gleich stark und brennt nicht immer gleich beständig. Dennoch ist der Grundton des Rufs stets Leben, Hoffnung und Freude. In meinem Buch *Verabredung mit mir selbst* (Verlag Herder, 2005 Wahlström & Widstrand 2003) habe ich von den großartigen Augenblicken gesprochen, die ab und an unser Leben wie ein Gnadengeschenk bereichern. Oft kündigen sie etwas Neues an und gewähren Einblick in eine Wirklichkeit jenseits des Gewohnten. Etwas berührt uns ganz tief, legt unsere verborgene Quelle frei und gibt uns einen Vorgeschmack von der Ewigkeit. Das Dasein wird durchscheinend. Einen ganz kurzen Augenblick lnag sehen wir klar, und das ist etwas Wunderbares. Der Literaturnobelpreisträger J. M. Coetzee fasste einen solchen Moment der Offenbarung in Worte, als er in einem Interview erzählte, wie er an einem Abend in seinem Garten verweilte. Genau in diesen Augenblicken spielte sein Nachbar in voller Lautstärke „Das wohltemperierte Klavier“ von Bach für Cembalo ab.

Coetzee überließ sich der Musik, und die Klänge durchdrangen ihn ganz. In jenem unvergesslichen Augenblick wurde in ihm eine innere Balance erschüttert. Danach war nichts mehr wie zuvor. Eine ganze Welt liegt zwischen dem, was uns unserer eigenen Tiefe näher bringt, und dem, was uns an der Oberfläche unser selbst festhält, zwischen dem, was unser Herz glühen lässt, und dem, was uns in Verzweiflung zusammensinken lässt, zwischen dem, worin wir etwas von uns selbst hineinlegen, und dem, was jedes persönlichen Sinns entbehrt. Nicht die Mahlzeit ist entscheidend, sondern der Appetit. Unterschätze niemals die Freude und den Enthusiasmus – dieses schöne Wort, das wörtlich „Gott in dir" bedeutet.

Und dennoch: Ist die Glut immer das Zeichen für einen Ruf? Genügt es, wenn man für irgendetwas glüht? Nein, meint Buechner mit Bestimmtheit. Tiefe Freude und Engagement sind eine *notwendige*, jedoch *nicht hinreichende* Bedingung für den echten Ruf. Auch das zweite Kennzeichen muss vorhanden sein, das bedeutet: Was man tut, soll gleichzeitig auch anderen nutzen.

> Wenn du die Sterne betrachtest und gähnst,
> Wenn du Leiden siehst und nicht den Schmerz hinausschreist,
> Wenn du weder lobpreist noch dich beschwerst,
> Dann habe ich dich ganz umsonst geschaffen, sagt Gott.

Diese Verse schreibt Aaron Zeitlin in seinem Gedicht *The apathetic life (Das gleichgültige Leben).* Der Ruf muss für dich selbst wie auch für die Welt eine positive Funktion erfüllen.

Der Ruf hat nicht allein mit der Frage „Wer bin ich?" zu tun, sondern auch mit der Frage: „Wer bin ich für andere und für die Welt?" Der wirkliche Reichtum eines Menschen liegt in dem Guten, das er in diesem Leben seinen Mitmenschen getan hat, sagt der Prophet Mohammed. Echtheit, Selbsterkenntnis, eine persönliche Haltung und ein dienstbarer Geist bilden den Nährboden für einen Ruf. Auf der Reise verwandelt sich die Frage „Was kann ich daran verdienen?“ in „Wie kann ich anderen dienen durch das, was ich tue?“ Manche werden die Worte des dänischen Philosophen Kierkegaard kennen: „Wenn ich jemanden erfolgreich an ein bestimmtes Ziel führen soll, muss ich ihn zunächst dort aufsuchen, wo er sich gerade befindet, und an eben diesem Punkt beginnen.“ Die Voraussetzung dafür ist wohl weniger bekannt: „Wer dies nicht kann, täuscht sich selbst, wenn er meint, anderen helfen zu können. Um jemandem zu helfen, muss ich sicherlich mehr begreifen als er, vor allem aber muss ich begreifen, was er selbst begreift. Wenn ich dies nicht vermag, so hilft es nichts, dass ich mehr kann und weiß. Möchte ich dennoch zeigen, wie viel ich kann und weiß, dann nur deshalb, weil ich hochmütig und eitel bin und eigentlich von dem anderen, statt ihm zu helfen, bewundert werden möchte. Alle echte Hilfsbereitschaft beginnt mit der Demut vor dem, dem ich helfen möchte, und folglich muss ich verstehen, dass helfen wollen nicht herrschen, sondern dienen wollen bedeutet.“

Der Wunsch zu helfen gehört zum Ruf dazu. Hat er sich eingestellt, dann hat das Ich begonnen, seinen Griff zu lockern, und wir werden frei, das zu tun, was wir tun müssen. Doch davor müssen wir uns selbst dort finden, wo wir sind, und fühlen, auf welchem Grund wir stehen. Der Ruf schließt ein a) seine *Gaben und Talente zu entdecken*, was damit zusammengehört, b) *das Echteste in uns zu entdecken*; dieses ermöglicht es seinerseits c) eine Form zu finden, *seinem wahren Wesen sowie seinen besonderen Talenten Ausdruck zu verleihen*, was dazu führt, dass wir d) diese nutzen, um *unseren Mitmenschen zu dienen*.

Für einen Ruf gibt es also ein persönliches und ein allgemeines Kriterium. Ein Beispiel dafür, dass das erste, nicht jedoch das zweite Kriterium erfüllt ist, stellt jemand dar, der vor Begeisterung dafür glüht, sich in Worten auszudrücken, und sein Talent dafür verwendet, Zigarettenanzeigen zu verfassen. Es ist positiv, für das, was man tut, zu glühen, aber dennoch braucht die Welt schwerlich mehr Raucher. Eine Situation, in der das zweite, jedoch nicht das erste Kriterium erfüllt ist, stellt der Arzt dar, der sich auf die andere Seite des Erdballs begibt, um aidskranke Kinder zu behandeln, durch seine Tätigkeit jedoch so niedergeschlagen und depressiv wird, dass er für seine Mitarbeiter mehr eine Last als eine Hilfe ist. Zwar braucht es seine Zeit, um deutlich zu sehen, was ein dauerhafter und was ein vorübergehender Gefühlszustand ist, und man soll ja auch nicht zu schnell aufgeben; wenn die Schwermut dieses Arztes jedoch anhält, steht sie der Erfüllung seiner eigentlichen Aufgabe im Wege. Wir können kaum eine Freude für andere darstellen, wenn wir nicht in uns selbst Freude finden.

In seinem Buch *Seelenmuster* beschreibt Marc Gafni den Ruf aus fünf verschiedenen Blickwinkeln, die er als „die fünf Wahrheiten des Rufs“ bezeichnet: 1) *Der Ruf ist einzigartig und persönlich.* Um dies zu verdeutlichen, verwendet er die Metapher des Orchesters. Dieses besteht aus vielen Instrumenten, die alle ihren unverkennbaren Klang haben, alle verschieden sind und alle gebraucht werden. Die Musiker müssen wissen, was alle Instrumente zu Stande bringen können, die Aufgabe jedes Musikers für sich liegt jedoch darin, Meister seines eigenen Instrumentes zu sein und den eigenen Noten zu folgen. Orchestermusik gründet auf der Mischung zwischen dem Gemeinsamen und dem Charakteristischen, zwischen dem Individuellen und dem Allgemeinen – und das nicht, weil die verschiedenen Instrumente *unabhängig* voneinander wären, sondern weil sie voneinander *abhängig* sind. Es ist diese vielschichtige Zusammenarbeit, die es ermöglicht, eine Musik zu schaffen, die im Idealfall das Himmlische widerspiegeln kann. Jedes Instrument klingt für sich schön. Und dennoch ist die Summe aller Instrumente bei weitem größer als die einzelnen Teile. Der Kern des Rufs liegt darin, den einzigartigen Ausdruck zu finden und zu üben, im Bewusstsein dessen, dass man einen Teil einer größeren Einheit darstellt. 2) *Der Ruf ist gleichzeitig allgemein.* Jeder Mensch hat irgendeine Art von Berufung. Meist kommt dies im Alltagsleben zum Ausdruck. Falls man, indem man seinem Ruf folgt, zu Einfluss oder Ruhm kommt, so ist das lediglich ein Nebeneffekt dessen, dass man das tut, was man tun muss. Dies kann niemals das Ziel und mag sogar hinderlich sein, möchte man seine Echtheit bewahren und seinem Weg treu bleiben. 3) *Der Ruf ist exklusiv.* Der Ruf bedeutet immer, dass man eine Wahl trifft; denn sobald man sich für etwas entschieden hat, hat man automatisch etwas anderes ausgeschlossen. Dies mag für denjenigen, der es gewohnt ist, sich mehrere Wege offen zu lassen, sehr schwer sein. Hier muss man aufmerksam in sich hineinhorchen, um zu begreifen, welcher dieser Wege am stimmigsten ist. In der Tat muss man nicht all das tun, was man gut kann. 4) *Der Ruf kann sich tarnen.* Es ist nicht immer deutlich, welcher der persönliche Ruf ist. Es mag zwar sein, dass es am Anfang so aussieht, doch kann es sich mit der Zeit erweisen, dass der Weg schwerer ist, als man dachte. Manchmal braucht es lange Zeit, bevor einem klar wird, dass das, was man gerade tut, bereits die Antwort auf den Ruf darstellt. 5) *Der Ruf schließt ein Risiko mit ein.* Auf eine Herausforderung positiv antworten bedeutet gleichzeitig sich darauf vorbereiten, einen neuen Weg einzuschlagen. Manchmal macht sich eine Gegenkraft erst bemerkbar, wenn man eine Wahl getroffen hat, oft in Form von Unsicherheit und Zweifel angesichts dessen, was man da auf sich genommen hat. Man kann niemals hundertprozentig sicher sein, dass das, was man tut, auch richtig ist. Erst mit der Zeit klärt sich die Sicht – und das muss man aushalten können.

Laut Harry R. Moody erfolgt das Bewusstwerden eines Rufes

(a) *schrittweise:* Die Veränderungen im Bewusstsein von dem eigenen Weg setzen oft mit einem Gefühl der Unzufriedenheit ein, das sich mit nichts Bestimmtem in direkten Zusammenhang bringen lässt. Man kann lediglich feststellen, dass es da ist und nicht verschwindet.
(b) *nicht auf besonders dramatische Weise:* Man sieht es nicht von Anfang an. Oft verstreicht viel Zeit, bis man erkennt, dass es im Leben einen Leerraum gibt, der gefüllt werden muss, bis man – um mit Moodys Worten zu sprechen – „den Schmerz in seinem eigenen Herzen hört“.
(c) *von außen wie von innen:* Man kann keinem Ruf Folge leisten, wenn man nicht das Vermögen besitzt, es zu vernehmen.
(d) *erst wenn ein Mensch älter geworden ist:* Moody bezeichnet den Ruf als „zweite Reise“ – demzufolge geht die erste Reise von der Kindheit bis zum Erwachsenendasein – und beschreibt sie als eine Reise der Seele, die zu mehr Freude und Weisheit führt, als man es sich als junger Mensch jemals vorstellen konnte.

Der Karmelitermönch Bruder Laurentius schreibt im 17. Jahrhundert in seinem Buch *Allzeit in Gottes Gegenwart:* „Bereits zu viele von uns sind über die Mitte ihres Lebens hinaus, und wir fühlen uns beschmutzt und müde, unsere Träume haben ihre Frische verloren, und unsere Hoffnungen beschränken sich darauf, ein Leben zu führen, das von Tag zu Tag mittelmäßiger wird.“ Mit zunehmendem Alter wird es immer wesentlicher, die Entscheidung zu treffen, was im Leben wichtig ist und was unser Wohlbefinden eigentlich ausmacht. Das hat mit viel mehr als nur unserer Gesundheit zu tun. Im Grunde geht es dabei um Liebe. Zu diesem Thema hat Howard Clinebell das Buch *Rundum wohlfühlen* geschrieben. Seiner Meinung nach besteht der Weg zur Ganzheit darin: *Liebe dich selbst* (indem du deine einzigartigen physischen, mentalen und spirituellen Gaben so gut entwickelst, wie du kannst), *liebe andere* (indem du sie dazu ermunterst, ihre einzigartigen Gaben zu entwickeln), *liebe deine Arbeit, deine Spiele, deine Pflichten, deine Freizeitbeschäftigungen* (indem du dich ihnen aus ganzem Herzen widmest), *liebe die Erde und die Natur* (indem du dich um sie kümmerst) und vor allem anderen *liebe Gott,* die Quelle der Ganzheit.

Der Ruf mahnt einen jeden von uns, sein Potential zu entwickeln und zu nutzen, die Verantwortung auf sich zu nehmen, sein Leben nach besten Kräften zu verwalten und in aller Demut seinen eigenen Weg zu suchen und zu gehen. Der Ruf mahnt uns, Zeit in etwas zu investieren, das uns Freude schenkt, das uns in Anspruch nimmt und uns selbst und anderen zum Nutzen und Segen gereicht, etwas, was uns das Gefühl von Frieden vermittelt, das Gefühl, dass ich genau *hier* sein und genau *dieses* tun soll. „Berufung ist etwas, das mehr aus dir macht", sagt eine Figur in Gail Godwins Roman *Evensong (Abendgottesdienst).* Indem wir auf den Ruf antworten, erweitern wir unsere Grenzen und werden größer, als wir es jemals dachten. „Ein Mensch weiß, dass er seine Berufung gefunden hat, wenn er aufhört, darüber nachzudenken, wie er leben soll, und stattdessen lebt", schreibt Thomas Merton in *Weisheit der Stille.* Ein erster Schritt liegt darin, ruhig zu werden, in sich hineinzuhorchen und seine eigene Wahrheit zu finden. Doch bevor man reif ist, dorthin zu gehen, wohin man soll, muss man sich zunächst dort finden, wo man gerade ist, festen Boden unter den Füßen spüren und sich für den Sprung bereitmachen.

Job, Arbeit, Beruf oder Berufung?

Die Arbeit spielt oder hat im Leben der meisten Menschen schon immer eine große Rolle gespielt. Wir können den Ruf betrachten, indem wir ihn in Beziehung zur Arbeit setzen. Doch was meinen wir, wenn wir sagen, wir haben Arbeit? Bedeutet Arbeit dasselbe wie Job? Ist ein Beruf dasselbe wie eine Arbeit? Wenn man diese Wörter näher untersucht, erkennt man bedeutende Unterschiede zwischen ihnen. Der Begriff *Job* hat seine Wurzeln in einem alten englischen Wort, das Stück oder Klumpen bedeutet. Ein Job ist eine einzelne Aufgabe, die man wenn nötig ohne die Hilfe eines anderen ausführen kann. In einem Wörterbuch aus dem 18. Jahrhundert wird ein Job als eine „kleine, unbedeutende, vorübergehende Arbeit" definiert. Außer der Tatsache, dass er ein Einkommen gewährleistet, hat ein Job keine größere Bedeutung im Leben eines Menschen. Man kann ihn haben oder nicht. Dem Wort *Arbeit*, das ursprünglich Mühe bedeutet, kommt eine ganz andere Würde zu. Auf Griechisch heißt es *energeia* – Energie. Bei der Arbeit geht es nicht in erster Linie darum, ob man bezahlt wird. Sie sei einzigartig und kreativ und drücke unser innerstes Wesen aus, schreibt Matthew Fox in seinem Buch *Revolution der Arbeit*. Die Arbeit verleiht dem Menschen eine Würde, die über die Versorgung hinausgeht. Sie berührt die Rolle, die wir auf dieser Welt haben, die Art, wie wir unserer Verantwortung als Erwachsene Form geben, die Stellung, die wir in der Gemeinschaft einnehmen. Die Schöpfung ist nicht vollendet, sondern ein fortlaufender Prozess, an dem wir alle, nicht zuletzt durch unseren Arbeitseinsatz, beteiligt sind. Eine sinnvolle Arbeit auszuführen ist eine sehr persönliche, kreative Handlung und gehört zu den grundlegendsten Bedürfnissen des Menschen. Eine gute Arbeit zu leisten ist eine Liebestat. „Wenn Menschen eine gute Arbeit verrichten, werden sie zu einem blühenden

Obstgarten, der sich auf das gesamte Universum erstreckt und das Rad des Weltalls zum Surren bringt“, schreibt Hildegard von Bingen. Sie misst der Arbeit deshalb eine so große Bedeutung bei, weil sie die Menschen reifen lässt. Im Idealfall ist die Arbeit eine Quelle der Energie und Freude. „Suche dir eine Arbeit oder einen Beruf, den du liebst, dann brauchst du keinen einzigen Tag zu jobben“, lauten die geflügelten Worte des Konfuzius. *Beruf* ist ein Synonym für das lateinische Wort Profession und bedeutet Aufgabe. Ein Beruf ist eine Arbeit, die bestimmte besondere Kenntnisse voraussetzt. Er ist mit besonderen Aufgaben verknüpft, die man mit besonders qualifizierten Kollegen unter besonderen Bedingungen teilt. Zu einem Berufskorps zu gehören bildet oft eine Quelle des Stolzes und eine Grundlage für das Selbstverständnis des jeweiligen Menschen. Mit der Wahl seines Berufs wähle man auch einen besonderen Blickwinkel auf die Welt, meint die Pastorin und Autorin Ulla Britt Berglund in ihrem Buch *Livsglädje (Lebensfreude)*. Ein Beruf bedeutet Vertiefung und Begrenzung zugleich. Das Risiko besteht darin, dass man seinen Blick auf die Welt beschränkt und nur noch so sieht, wie man zu sehen ausgebildet ist. So haben beispielsweise ein Arzt, ein Architekt, ein Kurator, ein Ingenieur und ein Wirtschaftsexperte verschiedene Ansichten darüber, was oberste Priorität hat, wenn ein Krankenhaus gebaut werden soll.

Der Begriff Ruf – oder Berufung – stammt, wie zu Beginn dieses Buches bereits erwähnt, von einem Wort ab, das Mahnung bedeutet, mit dem Unterton von In-Anspruch-genommen-Werden oder sogar von Transzendenz. Man kann einen Ruf nicht zwischen neun und siebzehn Uhr haben, er ist nämlich mit dem gesamten Leben verwoben. Für manche Menschen bedeutet er das Leben selbst. In Verbindung mit Ruf und Arbeit kann man eine Menge spannender Fragen stellen: Habe ich einen Job oder eine Arbeit? Werde ich darin ermutigt, zu jobben oder an meinem Arbeitsplatz zu arbeiten? Gibt es Anzeichen dafür, dass sich meine Arbeitsstelle allmählich in einen Job verwandelt? Habe ich mich für eine Arbeit entschieden, um später festzustellen, dass ich einen Job bekommen habe? Ist mein Job so beschaffen, dass er sich zu einer Arbeit entwickeln könnte? Habe ich eine Ausbildung genossen, die später zu einer Berufung wurde? Habe ich einen Ruf beantwortet, der sich mit der Zeit immer mehr in eine Arbeit verwandelt hat? Begnüge ich mich damit zu jobben, während ich das Potential zu einer Arbeit besitze? Ist meine Arbeit groß genug für mich? Hat meine Berufswahl mich als Menschen eher beschränkt oder hat sie mich größer werden lassen? Jeder kann seine eigenen Fragen stellen.

„In unserer Zeit werden wir Arbeitende dazu berufen, unsere Arbeit neu zu überprüfen: Wie führen wir sie aus, wem hilft oder wem schadet sie, und *was würden wir vielleicht tun*, wenn wir unsere jetzige Arbeit verlieren und einer tieferen Berufung folgen würden?“, schreibt Matthew Fox in *Revolution der Arbeit*. In seinem Buch erzählt er von Begegnungen mit Menschen, die ihren Job aufgegeben haben, um sich dem zu widmen, was für sie eine tiefere Bedeutung hat. Das Gewicht dessen, auch in seiner Arbeit einem Ruf zu folgen, betont der Apostel Paulus, indem er sagt, unsere einzige wirkliche Sünde im Leben liege darin, uns zu weigern, das zu tun, wozu wir berufen sind. Fox hat einen Fragebogen als Wegweiser für denjenigen erstellt, der über seine Beziehung zu seiner Arbeit nachdenkt. Hier ist eine Auswahl aus diesen Fragen:

- Was ist das Beste und was ist das Schlechteste an meiner Arbeit?
- Wann und unter welchen Umständen erlebe ich in meiner Arbeit Freude?
- Erleben andere direkt oder indirekt Freude als Folge meiner Arbeit?

- Trägt meine Arbeit dazu bei, die Arbeitsmöglichkeiten anderer zu fördern, oder verhindert sie sie eher?
- Wie habe ich empfunden, als ich wusste, dass ich die Arbeit suchen möchte, die ich gerade tue, und hat sich mein Gefühl seitdem geändert?
- Erfordert meine Arbeit mehr oder weniger als das, was ich zu geben habe?
- Wie trage ich durch meine Arbeit zum Wohlstand der Welt bei?
- Wem dient meine Arbeit?
- Was für Freunde oder Feinde habe ich mir durch meine Arbeit gemacht?
- Was lerne ich in meiner Arbeit, und kann ich noch zusätzlich etwas lernen?
- Kann ich in meiner Arbeit anderen etwas beibringen?
- Sehne ich mich nach meiner Arbeit oder empfinde ich sie vielmehr als Last?
- Wenn ich plötzlich einige Millionen Euro erben würde, würde ich dann sofort aufhören zu arbeiten? Und was würde ich stattdessen tun?
- Was hätte es für einen Einfluss auf andere und auf meine Entwicklung als Mensch, wenn ich heute meine Arbeit aufgeben würde?
- Habe ich eine Arbeit, oder habe ich einen Job?
- Und die allerwichtigste Frage: Wie lässt sich mein Ruf in dieses Bild einfügen?

Weise ist, wer den Weg kennt

Der Ruf beginnt mit einer Einladung. Diese können wir nicht per Order herbeizitieren oder durch unsere Bemühungen erzwingen. Was wir tun können, ist, ihr den Weg zu bahnen, diejenigen Gefühle zu bestärken, die uns aufbauen, statt diejenigen, die uns entmutigen, die Tür zu uns selbst offen zu halten und keine unnötigen Hindernisse aufzustellen. Ein Ruf kann sich in Form eines Flüsterns oder in Form eines deutlichen Anrufs zu erkennen geben, er kann ein deutliches Signal wie auch wie ein kaum hörbares Säuseln sein. Nur ganz selten wird uns die Weisheit für unseren Weg in Form eines blendenden Lichts zuteil. Eher das Umgekehrte ist der Fall: Die Einladung ist oft so subtil, dass wir gar nicht merken, dass wir gerufen werden. „Gottes Stimme spricht nicht auf dramatische Weise wie ein Sturmwind oder ein Erdbeben oder ein Feuer; sie ruft uns leise in der Tiefe unseres eigenen Wesens", sagt der Erzbischof von Westminster Basil Hume. Oft handelt es sich dabei um eine leise, ruhige Stimme, eine Stimme, die vielleicht seit früher Kindheit an in uns gelebt hat, die wir aber erst jetzt plötzlich wahrnehmen.

Natürlich geschieht es hin und wieder, dass wir durch eine plötzliche Erkenntnis überrascht werden. In seinem Buch *Charakter und Bestimmung* gibt James Hillman ein Beispiel dafür. Er erzählt, wie sich Ella Fitzgerald als unbekanntes junges Mädchen zu einem Amateurwettbewerb am Harlem Opera House angemeldet hatte, um vorzutanzen. In letzter Minute überlegte sie es sich anders und sang stattdessen. Sie gewann den ersten Preis – und der Rest ist bekannt. War das ein Zufall, fragt Hillman, oder handelt es sich dabei vielmehr um einen „verklärten Augenblick", in dem sich Ella Fitzgerald ihres Weges gewahr wurde?

Manchmal besitzt der Ruf eine Kraft, die allen Erwartungen zuwiderläuft. Der Bariton Thomas Quasthoff, einer der begehrtesten Sänger weltweit, ist mit einem Aussehen geschlagen, das von dem konventionellen Bild eines Opernstars stark abweicht. Wer hätte gedacht, dass er mit diesen Voraussetzungen Erfolg haben würde – scheinbar ein Ding der Unmöglichkeit? Manchmal überwältigt uns der Anblick von etwas vollkommen Neuem – oder von etwas Wohlbekanntem, das sich uns jedoch in einem ganz neuen Licht darbietet. In *Der Sohn einer Magd* gibt August Strindberg eine anschauliche Beschreibung eines solchen Moments: „Da tat sich vor seinen Augen ein Bild auf, das ihn vor Entzücken erbeben ließ. Förden und Inseln, Förden und Inseln, ganz weit, bis ins Unendliche hinaus. Obwohl er Stockholmer war, hatte er nie zuvor den Schärengarten gesehen, noch wusste er, wo er sich befand. Dieses Bild machte einen solchen Eindruck auf ihn, als hätte er ein Land wiedergefunden, das er in schönen Träumen gesehen hatte. Er stand da und betete an, das ist das Wort.“ Etwas, das wir gesehen, gehört oder gelesen haben, erscheint uns plötzlich aus einer anderen Perspektive und offenbart etwas, das wir davor nicht erkannt hatten. Unser Leben kann auch dann eine neue Wendung nehmen, wenn wir älter geworden sind und begriffen haben, dass das Leben begrenzt ist und es auf ein „Jetzt-oder-nie“ ankommt. Älter zu werden führt uns zu einem spirituellen Erwachen, weil es uns zwingt, unsere Prioritäten zu überprüfen und zu entscheiden, was uns wirklich etwas bedeutet. Vielleicht entdecken wir, dass wir schon in unserer Jugend auf den falschen Weg geraten sind oder dass wir unsere Wahl auf einer zweifelhaften Grundlage getroffen haben. Vielleicht erkennen wir, dass das Leben, das wir viele Jahre gelebt haben, für uns nicht länger haltbar, vielleicht nicht einmal wünschenswert ist, und dass sich etwas ändern muss. Endlich entdecken wir, dass wir uns in ein Muster gezwängt haben, das unserer natürlichen Veranlagung zuwiderläuft. Harry R. Moody spricht von der „Poesie im Herzen des Daseins“, die uns zuraunt, dass wir mehr können, als wir glauben, und dass es langsam schade um die verlorene Zeit ist. „Der Tod neigt sich / über mich – eine Schachfrage. / Und er hat die Lösung“, schreibt Tomas Tranströmer in *Den stora gåtan (Das große Geheimnis)*. Die Einsicht in unsere eigene Sterblichkeit kann genau die Hilfe bedeuten, die wir nötig haben, um Anlauf zu nehmen und loszukommen – genauso wie eine Krise alte Muster zerstört und Reserven hervorzaubert. Der Weg kann voller Rätsel sein. Manchmal reicht ein kleiner Riss in der Fassade: Etwas Neues geschieht und weckt unsere Seele zum Leben. Worte beispielsweise, die sich in unserer Erinnerung festsetzen, ein Bild, das an der Netzhaut haftet, ein Mensch mit einer besonderen Ausstrahlung.

Einem Ruf zu folgen bedeute, am Werk des Weltalls teilzunehmen, meint Goethe. Wer dieses tut, bekommt eine Antwort. „Was sämtliche Handlungsinitiativen und kreativen Bestrebungen angeht, so gibt es eine elementare Wahrheit, und das Unwissen darum hat den Tod vieler Gedanken und vortrefflicher Pläne bedeutet: In eben dem Augenblick, in dem man sich endgültig ergibt, beginnt die göttliche Vorsehung zu handeln. Man bekommt Hilfe, indem alle möglichen Dinge geschehen, die sonst niemals geschehen wären. Die Entscheidung setzt eine ganze Reihe Handlungen, verschiedene günstige, nicht voraussehbare Umstände, Begegnungen und materielle Hilfe in Gang, von denen keiner auch nur geträumt hätte", schreibt Matthew Fox in *Revolution der Arbeit.* Merkwürdige Zufälle – die so genannte Synchronizität – ereignen sich dann und wann und geben uns zu denken. Ich habe dies selbst zwei Mal erlebt, und zwar in der Zeit, als ich darüber nachdachte, über das Thema dieses Buches zu schreiben. Das erste Mal war es in einer Buchhandlung, in die ich gegangen war, um zu fragen, ob sie ein paar Bücher dazu hätten. Das hätten sie nicht, sagte die Verkäuferin. Trotzdem blieb ich noch eine Weile dort, blätterte hier und da und suchte mir ein paar schöne Karten aus. Als ich zur Kasse ging, fiel mein Blick auf eine Trittleiter, wie man sie benutzt, um an die höheren Regale zu gelangen. Ganz weit oben, eingekeilt zwischen dicken Wälzern, fand ich ein kleines Buch über den Ruf. Der andere Zufall ereignete sich einige Monate später, als ich die Annonce für eine Zeitschrift sah und mich dazu verführen ließ, sie zu abonnieren. Eine Woche später bekam ich mein erstes Exemplar, eine Themennummer mit der Überschrift „Der Ruf". Ich weiß nicht, was dergleichen bedeutet – außer dass ich es als eine Bestätigung dafür empfand, auf dem richtigen Weg zu sein. Wird unser Leben vom Zufall gesteuert, oder liegt in den meisten Dingen ein Sinn? Die Überzeugung, dass alles, was geschieht, einen Sinn habe, kann bewirken, dass wir sogar widrige Umstände und körperliches Leiden aushalten können. Es gibt viele bewegende Schilderungen von Menschen, denen es in unerträglichen Situationen gelungen ist, „die Verzweiflung in Triumph zu verwandeln" (um es mit den Worten Viktor Frankls zu sagen). Menschlich zu sein, schreibt er, bedeute, „vor einen Sinn gestellt zu werden, der erfüllt, und vor einen Wert, der verwirklicht werden will (...) Wird es nicht als Selbsttranszendenz gelebt, so ist das menschliche Dasein nicht authentisch." In Irvin Yaloms Roman *Und Nietzsche weinte* sucht der verzweifelte Philosoph wegen eines starken, unheilbaren Schmerzes Hilfe bei einem Psychiater. Während eines ihrer Gespräche sagt er: „Ich habe ein *Warum* des Lebens und kann mich mit jedem *Wie* abfinden. Ich habe (...) einen Grund zu leben. Ich gehe hier (er tippt sich an die Stirn) mit Büchern schwanger, mit meist fertig gestalteten Büchern, mit Büchern, die nur ich erschaffen kann." Die Gewissheit einer persönlichen und sinnvollen Aufgabe gab Nietzsche den Mut, sich über sich selbst zu erheben und mit dem Leiden leben zu lernen. Die Erfüllung seines Auftrags war allem anderen übergeordnet. Ich glaube nicht, dass dies so ungewöhnlich ist. In meinem Arbeitsleben habe ich viele ähnliche Geschichten gehört.

Der echte Ruf steht in Einklang mit unserer Persönlichkeit und unseren Voraussetzungen. Wir werden zu dem gerufen, was unserem Innersten entspricht. Deshalb erleben wir unseren Ruf oft als eine tief verwurzelte Sehnsucht, als etwas in uns, das hinausmöchte – koste es, was es wolle. In seinem *Brief an einen jungen Dichter* schreibt Rilke an einen jungen Mann, der ihn um Rat gebeten hat, Folgendes: „Gehen Sie in sich. Erforschen Sie den Grund, der Sie schreiben heißt; prüfen Sie, ob er in der tiefsten Stelle Ihres Herzens seine Wurzeln ausstreckt, gestehen Sie sich ein, ob Sie sterben müssten, wenn es Ihnen versagt würde zu schreiben. Dieses vor allem: Fragen Sie sich in der stillsten Stunde Ihrer Nacht: Muss ich schreiben? Graben Sie in sich nach einer tiefen Antwort. Und wenn diese zustimmend lauten sollte, wenn Sie mit einem starken und einfachen ‚Ich muss' dieser ernsten Frage begegnen dürfen, dann bauen Sie Ihr Leben nach dieser Notwendigkeit." Dieser Rat ist, wenn auch in abgemilderter Form, für alle Menschen relevant, die ihren Weg suchen. Ingmar Bergman hat erzählt, wie er einmal als kleiner Junge auf die Frage einer Tante, was er werden wolle, wenn er groß sei, „Regisseur" antwortete. „Nein, das heißt Ingenieur", berichtigte die Tante das, was sie als einen Versprecher verstand, denn in dieser Familie war es undenkbar, Regisseur zu werden. Das Schicksal war gegen Bergman, doch es siegte die Stimme des Rufs.

Eigentlich brauchen wir gar keine großartigen Anstrengungen zu unternehmen. Der russische Starez Serafim von Sarov versicherte denjenigen, die ihn um Rat ansuchten, dass sie im spirituellen Leben nichts tun müssten, was über ihre Fähigkeiten hinausgehe. Alles, was wir tun müssen, ist, mit Vertrauen der Stimme unseres Herzens zu folgen. Der Weg führt über unsere natürlichen Neigungen, über das, was wir gerne tun, wofür wir begabt sind und was uns Freude macht. In diesem Sinne wählen nicht wir den Weg, sondern der Weg wählt uns, indem er uns vor eine Entscheidung stellt. „Herr, zeig mir den Weg und mache mich willig, ihn zu gehen", lautet das Gebet der heiligen Birgitta. Und Dag Hammarskjöld schreibt einige Tage vor seinem Tod:

Weine,
wenn du kannst,
weine,
doch klage nicht.
Dich wählte der Weg –
und du sollst danken.

Was wir tun können, ist, uns zu öffnen für das, was wir hören, sehen und fühlen, und es mit Umsicht aufzunehmen. Das Gefühl, „vom Weg erwählt zu sein", kann viel später auftauchen, nämlich wenn wir rückblickend erkennen, dass der Weg, obwohl er verschlungen war, zu einem Ziel geführt hat. Ein Ruf ist ein Prozess mit ebenso vielen Varianten, wie es Menschen gibt. Ich habe eines festgestellt: Wenn ein Mensch letzten Endes „Ja" zu seinem Ruf sagt, geschieht das oft mit einer verblüffenden Selbstverständlichkeit. „Ja, richtig, eben dieses muss ich tun, genau hier muss ich stehen", denken wir dann und wundern uns, warum wir das nicht früher begriffen haben. Eine Ahnung davon geben uns, meine ich, die Schlussverse aus der Gedichtsammlung *Det hemliga ljuset (Das heimliche Licht)* von Urban Andersson:

Die Türe öffnet sich
und einer, den ich noch nie sah,
tritt ein

Bist du es, frage ich,
kommst du denn jetzt schon?

Unser Verhältnis zum Leben

Die Art und Weise, wie wir dem Ruf gegenüber reagieren, ist eng verbunden mit unserem Verhältnis zum Leben überhaupt. In seinem Buch *Will and spirit (Wille und Geist)* benutzt Gerald G. May die englischen Wörter *wilfullness* (Eigensinn) und *willingness* (Bereitschaft), um zwei entgegengesetzte Verhaltensweisen im Leben zu verdeutlichen. Über den *Eigensinn* schreibt er „(…) es ist ein Absetzen seiner selbst vom innersten Wesen des Lebens, in dem Versuch, zu beherrschen, zu steuern, zu kontrollieren oder auf andere Weise das Dasein zu manipulieren." Und das ist wahrscheinlich das, was die meisten von uns tun. In einer Tageszeitung las ich neulich eine kurze Notiz darüber, dass die Astronomen mit der Entdeckung einer Galaxie, die weiter von uns entfernt ist als alle bisher bekannten, einen neuen Rekord aufgestellt haben; sie liegt in einer Entfernung von 13 Milliarden Lichtjahren von der Erde, lediglich 750 Millionen Jahre nach dem „Big Bang". Die Technologie macht ständig neue Fortschritte. Die Möglichkeiten, das Dasein zu verstehen, vorauszusehen, zu kontrollieren und zu manipulieren, haben einen Umfang erreicht, von dem nur wenige Jahrzehnte früher kaum jemand träumen konnte. Die Schattenseite dieser positiven Entwicklung liegt darin, dass dies einen Glauben an eine Allmacht des Menschen bestärkt, für den uns das Leben keinen Anlass gibt. Es sieht so aus, als läge das Ideal der meisten darin, alles unter Kontrolle zu haben, unabhängig zu sein, jede Berührung zu vermeiden, eine Maske zu tragen, ihren persönlichen Wohlstand zu vermehren und ihre Stellung zu sichern. Dieses Ziel ist nur schwer zu erreichen und schafft eine tiefe Unsicherheit und Angst: die Angst, die Kontrolle zu verlieren, nachzulassen, den Anforderungen nicht zu genügen, nicht wissend, schnell, tüchtig, reich oder schön genug zu sein. Denn plötzlich geschieht genau das, womit wir nicht gerechnet haben – das, was wir weder vorausgesehen haben noch abwehren konnten und was uns daran erinnert, dass die Welt immer noch hinfällig und der Mensch zerbrechlich ist. Das, was nicht geschehen darf, geschieht dennoch, vernichtet unsere Pläne und durchkreuzt unsere Träume. Die entgegengesetzte Haltung zum *Eigensinn* ist die *Bereitschaft.* „Die Bereitschaft", sagt Gerald May, „bedeutet (…) einzutreten, einzutauchen in die tiefsten Prozesse des Lebens selbst (…), erkannt zu haben, bereits ein Teil eines grundlegenden kosmischen Prozesses zu sein, und es ist eine Pflicht, an diesem Prozess teilzunehmen." Es bedeutet, sich der Absicht Gottes mit seiner Schöpfung zu überlassen, auf seinen Willen zu horchen und dem kosmischen Prozess, der unser aller Leben umfasst, zu vertrauen. Ignatius von Loyola drückt etwas Ähnliches aus, wenn er schreibt: „Nur wenige Menschen ahnen, was Gott aus ihnen machen könnte, wenn sie sich ohne Vorbehalt der Führung seiner Gnade überließen, wenn sie von sich selbst Abstand nähmen und sich ganz dem himmlischen Meister anheim gäben, damit er in seinen Händen ihre Seelen formen kann." Bereitschaft bedeutet nicht, mit der Wahl seines Weges nicht mehr ringen zu müssen oder den Kampf, den das Leben gelegentlich darstellt, vermeiden zu können. Es bedeutet auch nicht, sich der Wahl, der Verantwortung oder dem Risiko entziehen zu können oder nicht die Freiheit zu haben, „Nein" zu sagen. Die Bereitschaft gründet jedoch in dem Erleben eines Zusammenwirkens mit der Schöpfung, einer Zusammengehörigkeit mit dem, was größer ist als wir selbst, in uns wirkt und uns die Kraft verleiht, auch dann den Kurs zu halten, wenn auf unserem Weg Hindernisse liegen.

Der Ruf ist eine Beziehung. Man kann eine Gegenseitigkeit ausmachen, ungefähr so wie beim Huhn, das die Eier wärmt und sicher behütet, bis das kleine Küken herangewachsen ist und von innen an der Schale klopft, um ans Tageslicht zu gelangen und „geboren“ werden zu können. Wenn wir den Ruf lediglich als eine konkrete Aufgabe betrachten, ist Gott für uns mehr ein Arbeitgeber als eine Quelle der Inspiration und des Lebens.

Per Mases, Pastor und Vorsteher der Berget-Stiftung in Rättvik, nennt fünf verschiedene Möglichkeiten, seinen Glauben zu vertiefen. Sie können auch als eine Beschreibung von Schritten auf dem Weg des Rufs dienen:

1) *Fang an, „Ja“ zu dir selbst zu sagen*, zu deinen Gaben wie zu deinen Grenzen.
2) *Mache dich niemals zum persönlichen Feind deiner selbst*, sonst wirst du zu einem Menschen mit andauernder seelischer Migräne. Außerdem wirst du leicht zum Egozentriker.
3) *Vergiss dein Ego*, scher dich einen Dreck darum, dein Prestige aufrechtzuerhalten und dein Gesicht zu wahren. Ersetze dieses durch Vertrauen, durch das Gefühl, in etwas Größerem zu ruhen.
4) *Weise jede destruktive Kritik von dir.* Achte darauf, gut in einer Gemeinschaft aufgehoben zu sein und die Freundschaft zu pflegen, damit du gesehen und verstanden wirst.
5) *Mach die Liebe zur Treibkraft in deinem Leben.*

Den persönlichen Ruf müssen wir mit Liebe pflegen. Wir müssen ein bisschen freundlich zu uns selbst sein. So wie eine Pflanze braucht auch der Ruf in der Zeit, in der er heranwächst und zu blühen beginnt, Geduld, Pflege und Nahrung. Er muss gegossen und beschnitten werden wie ein Baum, der zu seiner Zeit Frucht trägt, in seiner Ruhephase jedoch so ausgezehrt aussehen kann, dass man sich fragt, ob seine Wurzeln tief genug reichen und ob seine Zweige halten oder nicht doch brechen werden, wenn der Winter kommt und der Schnee schwer auf ihnen liegt. Der Ruf reift in dem Zusammenspiel zwischen dem, was heranwächst, und der Mühe, die man anwendet, um dies zu ermöglichen. Die Umstände ändern, die Fähigkeiten entwickeln sich, die Persönlichkeiten blühen auf, und neue Wege werden sichtbar. Der Ruf kann mehrere Male im Leben eine neue Form annehmen. Wenn er zu einer lebendigen Kraft in unserem Dasein werden und nicht zur Routine und zu einer alten Gewohnheit werden soll, müssen wir ihn wiederholt überprüfen, bestätigen, umwerten und erneuern. Die Glut erlischt, das Feuer brennt nieder, und die Asche zerstäubt im Wind als Nahrung für neues Wachstum. Seinen Ruf zu vertiefen, ist eine Lebensaufgabe. Diese Aufgabe geht niemals zu Ende.

2 Ängste und Herausforderungen

Mitten im Wald liegt eine unerwartete Lichtung,
die nur von dem gefunden werden kann, der sich verlaufen hat.
(Tomas Tranströmer, Die Lichtung)

Der Ruf ist kein fertiger Gedanke, der zunächst gedeutet und anschließend umgesetzt werden kann. Er stellt auch keine Versicherung dafür dar, dass man sich wieder beruhigt, wenn alles gut gegangen ist. Einem Ruf folgen bedeutet, sich hinaus ins Unbekannte zu begeben, ohne wirklich zu wissen, wohin der Weg führt und wie die Reise wird. Aus dem Nichts heraus treten Hindernisse auf, die das Weiterkommen erschweren. Unvorhergesehenes geschieht, man verläuft sich, und manchmal tappt man im Dunkeln. Auf dem Weg des Rufs muss man mit einigen Stoppschildern, Sackgassen, Abwegen und falschen Schritten rechnen. Wer einem Ruf folgt, ist nicht immun gegen die Unsicherheit und Angst, die einen manchmal daran zweifeln lässt, ob man sich in die richtige Richtung bewegt. Der Weg ist gepflastert mit Stolpersteinen und manchmal mit noch größeren Hindernissen. Zu wollen ist eins, zu wagen etwas anderes. Doch eröffnet uns jedes Hindernis und jede Herausforderung – wenn wir nicht zu ängstlich sind – die Möglichkeit zu wachsen. Und dennoch hat jeder von uns auf irgendeine Weise Angst. Sie gehört dazu, wenn man Neuland betritt.

Angst vor der Stille

Wenn man das Gefühl hat, gerufen zu werden, sollte man sich nicht zu sehr beeilen. Allein das ist schon schwer genug, zumindest wenn man zu der Schar derjenigen zählt, die daran gewöhnt sind, dass alles schmerzfrei und schnell gehen muss. Wenn man sich von der Uhr gehetzt fühlt und von dem Gedanken gepeinigt wird, dass ständig etwas geschehen muss, drückt man sich davor, alles ruhig anzugehen und die Dinge nach ihrer eigenen Ordnung geschehen zu lassen. Der Ruf braucht Zeit, um Wurzeln zu schlagen und stark zu werden. Bevor man Schritte einleitet und Entscheidungen trifft, sollte man sich die Zeit gönnen, nachzudenken und die Dinge sich setzen zu lassen. Das Wesentliche bereitet sich in der Stille, in einer Stille, die mit Dag Hammarskjölds Worten „den Panzer der Sinne durchbricht, ihn nackt der Klarheit des Herbstes ausliefert“. Die Stille spielt eine äußerst wichtige Rolle. Wir sollten die vielen verschiedenen, manchmal einander widersprechenden Gefühle, die in unser Bewusstsein sickern, während der Ruf erfolgt, bejahen. Der gesamte Prozess beginnt vielleicht mit einer diffusen Sehnsucht, die nach und nach an Kraft gewinnt. Den Verlauf können wir nicht beschleunigen, wir können ihn lediglich mit Achtsamkeit und Vertrauen verfolgen. Und darin sind wir nicht besonders gut. Die meisten von uns sind es mehr gewohnt zu *tun*, als zu *sein*. Was ist, wenn gar nichts passiert?! Was, wenn alles leer wird?! Was ist, wenn ich nicht vom Fleck komme?! Manche von uns geraten in Panik, wenn sie nicht wissen, was sie tun sollen. Früher sprach man von der *Sonntagsneurose* und beschrieb damit die Unruhe und Rastlosigkeit, die aufkam, wenn man frei hatte und es nichts Bestimmtes zu tun gab. Heute, da sich die Sonntage kaum noch merklich von den anderen Wochentagen unterscheiden, ist es zeitgemäßer, von einer *Ferienneurose* zu sprechen. Die Bedeutung ist dabei die gleiche. Viele sind bestürzt, wenn sie nichts Bestimmtes *tun* können. Ein leerer Terminkalender schafft einen Leerraum, und das ängstigt uns zu Tode.

Ich war einmal auf einer kleinen Insel in Griechenland, die für ihre unglaublichen Sonnenuntergänge berühmt ist. Am ersten Abend saßen mein Mann und ich auf einem Felsen und warteten auf dieses tägliche Wunder. Es war ein andächtiger Augenblick; die Wellen waren das Einzige, was wir hörten – zumindest so lange, bis eine Gruppe älterer Touristen, die laut miteinander redeten und alle die gleiche Kamera um den Hals trugen, den Berg heraufstampfte. Sie machten einen Heidenlärm, während sie auf den Felsen herumstolperten, um nach dem besten Platz für ihre Fotos Ausschau zu halten. Das dauerte seine Zeit, und in all der Geschäftigkeit begann die Sonne sachte unterzugehen. „Charlie, *schnell*, sie verschwindet!“, schrie eine blauhaarige Dame ihrem Mann zu, der an seiner Blende herumfummelte und gleichzeitig versuchte, sein Gleichgewicht zu halten. „Ich tu’ mein Bestes, Schatz. Das wird ein Spitzenbild!“, brüllte er zurück. Alle fotografierten angestrengt, während die Sonne langsam hinter den Horizont sank. Das ergab sicherlich viele schöne Fotos, die man bei Nachmittagseinladungen vorzeigen konnte. Ich hatte aber nicht den Eindruck, dass diese Leute ihre Freude daran hatten, während sie knipsten. Wie sehr wir auch immer versuchen, das Jetzt festzuhalten, so können wir doch nicht den flüchtigen Augenblick konservieren, der uns das größte Glück beschert. Selbst die schönsten Fotos sind nur blutarme Kopien jener Wirklichkeit, die wir festhalten möchten.

Jemand erzählte mir von einem Mann, der als Entwicklungshelfer in eine arme Gegend irgendwo im Senegal ging. Mit das Erste, was er lernen musste, war die Art und Weise, wie sich die Menschen dort begrüßten. „Guten Tag, was machst du?“, sagten sie, und der Mann fragte sich, was sie wohl damit meinten. Was war der Witz dabei, warum bloß fragten sie einander, was sie taten? Das wurde ihm klar, als er die Antwort lernte: „Ich bin hier, das ist alles!“ Das bedeutet: Ich bin hier, ich schenke dir meine Zeit und meine Aufmerksamkeit, ich stehe offen vor dir, schauen wir mal, was aus unserer Begegnung wird! Ganz anwesend zu sein ist das größte Geschenk, das man jemandem machen kann. Diese Erzählung machte mir schmerzlich all die Male bewusst, wenn ich nicht gegenwärtig bin, während ich anderen Menschen begegne, wenn meine Gedanken davonfliegen, wenn ich spreche, ohne dass meine Worte in mir Wurzeln schlagen, wenn ich zuhöre, ohne zu verstehen, was eigentlich gesagt wird, wenn ich im Wesentlichen ganz woanders bin. Wie viel verpassen wir, wenn wir es uns nicht gönnen, jeder Situation und jedem Menschen ohne Vorbehalte, Wertungen und Vorurteile gegenüberzutreten und die Begegnung nach ihren eigenen Bedingungen, in dem gegebenen Augenblick geschehen zu lassen.

Schon immer haben sich Menschen in die Wüste oder an andere einsame Orte zurückgezogen und haben die äußere Ordnung verlassen, um Zugang zu dem murmelnden Brunnen in sich selbst zu finden. Die Stille kann Wunder bewirken. Wer einige Augenblicke still ist, kann über vieles nachdenken. Der vietnamesische Buddhist Thich Nhat Hanh trifft den Kern der Sache, wenn er sagt: „Unser wahres Heim ist das Jetzt. Es ist kein Wunder, auf dem Wasser zu gehen, ein Wunder ist es, jetzt auf unserer grünen Erde zu wandeln.“ Kinder wissen, wie das geht; sie beherrschen dieses Verhalten bis zur Vollkommenheit. Die Buddhisten sprechen von *mindfulness* – ein vieldeutiges Wort, das man am besten mit *aufmerksame Gegenwart* oder *Achtsamkeit* wiedergibt – und beschreiben damit eine bewusste Wachsamkeit für alles, was jeden Augenblick in uns selbst und außerhalb von uns geschieht. Es geht dabei um eine erhöhte Sensibilität für das, was am Rande unseres Bewusstseins und am äußersten Rand unseres Gesichtsfeldes passiert. D. T. Suzuki war einer der Ersten, die den Zen-Buddhismus in die westlichen Länder eingeführt haben. Bei einem Abendessen, zu dem er eingeladen war, soll es unter den Gästen eine Person gegeben haben, die ihm ununterbrochen Fragen stellte. Suzuki beantwortete sie höflich und mit wenigen Worten und aß weiter. Doch jener Mann (der vom Buddhismus offensichtlich keine Ahnung hatte) gab keine Ruhe. „Sagen Sie mir, Dr. Suzuki, wie kann man den Buddhismus für einen unwissenden Westler wie mich zusammenfassen?", fragte er gerade heraus. Suzuki soll ihm tief in die Augen geschaut und mit einer ganz festen Stimme geantwortet haben: „*Essen Sie!!*" Um eben dieses geht es bei der *aufmerksamen Gegenwart*. Jeder Mensch trägt den Samen der aufmerksamen Gegenwart in sich, obwohl dieser bei einigen von uns ganz tief vergraben liegt. Der Benediktinermönch Anselm Grün berichtet in seinem Buch *50 Engel für das Jahr*, dass die frühen Mönche eine Meditationstechnik entwickelt hatten, die ihnen helfen sollte, in der Gegenwart zu leben. Die Technik hieß *ruminatio*, was „Wiederkäuen" bedeutet. Die Mönche käuten gewissermaßen die Worte der Heiligen Schrift wieder, wiederholten sie in ihrem Herzen, lauschten ihnen auf vielerlei Art, betrachteten sie aus allen denkbaren Blickpunkten, sie brüteten gleichsam über den Worten und verliehen ihnen ein neues Leben. Die Mönche öffneten sich den Worten und ließen sich von ihnen verwandeln.

Ich habe von einem kleinen Volksstamm gehört, der in einer Gegend der Wüste Sahara lebt, die vom Rest der Welt mehr oder weniger abgeschnitten ist. Die Temperaturen können dort bis auf fast 60° C steigen, und Regen ist völlig unbekannt. In diesem Klima kommen die Wüstenbewohner mit zwei Bechern Wasser täglich und nur ganz wenig Essen aus. Wie ist es möglich, unter Bedingungen zu leben und zu gedeihen, die andere

Menschen in die Knie zwingen würden? Das Geheimnis ist mentaler Art. Als ein alter Mann gefragt wurde, was er während seiner mühsamen Wanderungen denke, antwortete er, dass es vor allem wichtig sei, gar nicht zu denken, weder an das, was geschehen sei, noch an das, was geschehen werde. Die Aufgabe liege darin, einen Schritt nach dem anderen zu gehen, sich darauf zu konzentrieren, wohin man seine Füße setze, einen Fuß nach dem anderen, in der Zuversicht, schließlich ans Ziel zu gelangen. Hier handelt es sich um eine völlige Gegenwart der Sinne. Kann man sich ein stärkeres Gegengewicht vorstellen zu dem Gedankenandrang, an dem so viele von uns leiden?

> Ich streiche an warmen Augenblicken entlang,
> kann aber nicht lange dabei bleiben.
> Sie pfeifen mich durch den Raum zurück –
> ich krieche zwischen den Steinen voran. Hier und jetzt.
>
> Auftrag: dort zu sein, wo man ist.
> Auch in der lächerlichen todernsten
> Rolle – ich bin genau die Stelle,
> wo die Schöpfung an sich selbst arbeitet.

Die Verse stammen aus Tomas Tranströmers Gedicht *Der Posten*. Da zu sein, wo man ist, und zu fühlen, was man fühlt. Das ist etwas, das als selbstverständlich erscheint, jedoch allem Anschein nach zum Schwersten gehört, das es gibt – ein Gedanke, der im Laufe der Geschichte von einer ganzen Reihe Philosophen und Schriftstellern vertreten wurde. So schreibt beispielsweise Seneca: „Das größte Hindernis, ein wirkliches Leben zu führen, liegt in der Erwartung, die vom Morgen abhängt, das Heute jedoch verloren hat (…) Worauf zielt dein Auge, wonach strebst du? Alles, was kommen wird, ist ungewiss. Lebe jetzt schon!" Wir verschwenden unser Leben, wenn wir denken, das Wichtige werde später geschehen; damit berauben wir das Jetzt seiner Würde – als wäre das Jetzt dazu da, das Leben *vorzubereiten*, anstatt es zu *leben*. Wenn es in unserer Seele tobt, können wir die stille Stimme nicht hören: „Du kannst die Wirklichkeit nicht sehen, wie sie sich im Wasserspiegel deiner Seele widerspiegelt, wenn es unaufhörlich stürmt", schreibt Johannes vom Kreuz in seinem Buch *Die dunkle Nacht*.

Wenn wir zu den Menschen zählen, die ständig in Bewegung sind, müssen wir zusehen, dass wir Raum für Pausen schaffen, sonst gleitet das Leben an uns vorbei, ohne nennenswerte Eindrücke zu hinterlassen. Ich glaube, dass wir uns dafür entscheiden müssen, sonst schaffen wir es nicht. Eine Pause erinnert uns an die Freiheit, schreibt Rollo May in seinem Buch *Freiheit und Schicksal*. Es gäbe eine Zeit des *no-thing-ness*, meint er, also eine Zeit ohne jegliches Ding, einen symbolischen Rastplatz mit einer beinahe magischen Qualität. Diese Zeit schließt sowohl Spannung als auch Ruhe in sich. Die Pause baut eine Brücke zwischen dem Jetzt und dem Danach. Wir wissen, was vor der Pause geschehen ist, können aber nicht sicher sein, was passieren wird, wenn die Pause zu Ende ist. Während einer Pause kann alles geschehen. Ganz gleich, wie kurz sie auch sein mag, erinnert uns die Pause daran, dass nichts selbstverständlich ist, und wir spüren einen Hauch von Freiheit. Unsere Seele braucht Pausen, denn in ihnen verschmelzen die Eindrücke. Die Pause gibt der Seele Nahrung. Gerade in solchen Augenblicken kann der Ruf besonders deutlich zu hören sein.

Angst, die Kontrolle zu verlieren

Trotz unserer vollen Terminkalender wissen wir schrecklich wenig über unsere Zukunft. Dieser Gedanke lässt mich nach Luft schnappen. Wir möchten so gerne daran glauben, dass wir die Kontrolle haben. Während wir uns von der Veränderung locken lassen, schaudert uns vor dem Unbekannten. „Wir wissen, was wir haben, wissen jedoch nicht, was wir bekommen", sagen wir, wenn wir am Schwanken sind, bevor wir etwas Neues ausprobieren. Wir wollen die Erneuerung, doch gleichzeitig soll alles beim Alten bleiben. Das ist das Sicherste, fühlen wir. Steht uns eine größere Veränderung bevor, treffen Ambivalenz und Unruhe ein wie Briefe mit der Post, selbst wenn es sich um Veränderungen handelt, die wir selbst vorangetrieben haben. Indem wir uns an gewohnte Muster und wohl bekannte Wege halten, wiegen wir uns in einer zerbrechlichen Sicherheit. Das Leben *ist voraussehbar*, und alles *wird so werden*, wie wir meinen! Hoffen wir jedenfalls. Manche von uns gehen sehr weit, um diese Illusion aufrechtzuerhalten, wie es von einer Gruppe von Geschäftsleuten berichtet wird, die sich auf einer Abenteuerreise in den Bergen von Nepal verirrt hatten. Da holte einer von ihnen seine Karte hervor, zeigte entschlossen auf eine Bergspitze in der Ferne und sagte: „Sehen Sie diesen Berg, meine Herren? Nach meiner Berechnung befinden wir uns auf seinem Gipfel!"

Es ist unangenehm, sich einzugestehen, dass man sich verlaufen hat und die Situation nicht mehr unter Kontrolle ist. Manche haben schon als Kinder eine vollständige Wegbeschreibung für das Leben bekommen, mit detaillierten Ratschlägen, wie sie sich im Gelände vorwärts bewegen sollen. Sie hatten nichts weiter zu tun, als sich zu bedanken und gehorsam zu folgen. „Du sollst Bauer / Arzt / Jurist werden / dich um deine Familie kümmern / heiraten und viele Kinder bekommen.“ Hat man dies häufig genug gehört, beginnt man irgendwann diese Stimme mit der eigenen zu verwechseln, was es wahrscheinlich erschwert, in anderen Bahnen zu denken, umzusatteln und einen anderen Weg als den vorher bestimmten zu gehen. Manche konzentrieren sich so sehr darauf, auf dem vorgesteckten Weg zu bleiben, dass sie schließlich keinen anderen mehr sehen. Sie bewegen sich mit rasenden Schritten vorwärts und verpassen die kleinen Seitenwege, die sie in eine neue Landschaft hätten führen können. Man kann keine neuen Aussichten genießen, wenn man ständig das Wohlbekannte im Auge behalten muss. Ganz gleich, wie man sich vorwärts bewegt – ob langsam oder schnell, ob auf schmalen Pfaden oder auf breiten Wegen: Es ist wichtig, auf alternative Wege zu achten – und damit das Risiko einzugehen, eine andere Reise zu machen, als die, die wir uns ursprünglich vorgestellt haben. „Ich weiß, dass ich auf dem richtigen Weg bin, denn ich weiß nicht, wohin ich gehe“, sagt Gregor von Nyssa schon im 4. Jahrhundert. Wenn die Zeit reif ist, kommen wir dort an, wo wir hinsollen.

Der Zwang, die Kontrolle zu behalten, zehrt an unseren Kräften. Ein alter Mann, der schon seit vielen Jahren trockener Alkoholiker war, berichtete, wie er erkannt hatte, dass sein Kontrollbedürfnis an seine Alkoholabhängigkeit erinnerte. Dies verstand er eines Tages, als er einen kleinen Jungen sah, der mit seinem Vater im Auto saß, ein Spielzeuglenkrad in der Hand, und so tat, als würde er lenken. Für das Kind war das natürlich kein Spiel. Er steuerte mit freudigem Ernst, ganz sicher, die Situation zu beherrschen. In jenem Augenblick verstand der Mann, dass er sich im Leben genauso verhielt. Wir glauben zu wissen, wie es um uns steht, doch die Wahrheit ist: Wir wissen nicht, was vor uns liegt. Das Leben ist ein Projekt voller Risiken. In seinem Buch *Beyond belief (Jenseits des Glaubens)* erzählt der britische Psychoanalytiker Patrick Casement, im

Sanskrit benutze man für Sicherheit *(certainty)* und für Gefangensein *(imprisoned)* dasselbe Wort; das Wort für Unsicherheit *(uncertainty)* sei dasselbe wie das für Freiheit *(freedom)*. So schließt also die Unsicherheit die Freiheit mit ein.

Ziel ist es nicht, die Angst zu überwinden oder Kämpfe zu gewinnen, ohne unmittelbar, also in dem, was jetzt ist, zu leben. Hinter dem Kontrollbedürfnis eines Menschen kann sich seine Angst vor dem Chaos verbergen. Denn was passiert, falls wir die Kontrolle verlieren? „Nun bricht für die Sonnenforscher weltweit eine Zeit des Chaos und des Kopfzerbrechens an", stand neulich in einer Zeitung. Der Artikel weckte mein Interesse. Mit Hilfe neuester Technik hat ein schwedisches Forscherteam die bisher detailgetreuesten Fotos von der Sonne gemacht. Die Ergebnisse lenkten die Forschung in vollkommen neue Bahnen. Lange Zeit haben die Sonnenflecken ein Rätsel für die Wissenschaft dargestellt. Doch was sind diese stark konzentrierten magnetischen Felder auf der Sonnenoberfläche, die wie dunkle Flecken aussehen? Die neuen scharfen Bilder zeigen in den Fäden, die den dunkelsten Teil eines Sonnenflecks umgeben, kleine dunkle Kerne. Das ist neu und schafft Probleme für diejenigen, die herausfinden wollen, was dies bedeuten kann. Plötzlich also, nach einer Zeit der Gewissheit, herrscht Chaos, und wir wissen weder aus noch ein. So ist es für gewöhnlich, wenn etwas Neues eintritt und an unserer Vorstellungswelt rüttelt – in der Wissenschaft wie auch in unserem Leben. Chaos kann ein Zeichen für Gesundheit sein. Wir müssen uns in unbekanntes Land hinauswagen, Fragen stellen, Vorstellungen überprüfen und das Risiko eingehen, in Sackgassen zu geraten. Die Frage beispielsweise danach, ob es Lebensformen gibt, die kleiner sind als das, was das Auge sehen kann, klingt heute absurd. Als die Frage jedoch zum ersten Mal gestellt wurde, war die Antwort ein klares „Nein" – so lange, bis das Mikroskop aufkam und eine Welt voller neuer Fragen eröffnete. Wäre es möglich, sich vorzustellen, in der Natur gebe es auch etwas, was so klein ist, dass wir es nicht einmal mit Hilfe des Mikroskops sehen können? Wieder lautete die Antwort „Nein“ – so lange, bis einige daran zu zweifeln begannen, jenseits der bekannten Grenzen zu suchen anfingen und zu den Atomen und Elementarteilchen vorstießen. Etwas Neues rückte ins Bild, und eine Wahrheit ging aus der Welt. Nicht selten transportieren Chaos und Verwirrung Botschaften, die entbinden und befreien, selbst wenn wir das nicht unmittelbar bemerken. Es kann schwer sein, diese Unsicherheit auszuhalten, die das ins Schwanken bringt, was wir für wahr halten. Wir Menschen opfern unsere Sicherheit nicht so leicht. Manche von uns fühlen sich so bedroht, dass sie sich lieber in ihren Vorstellungen einkapseln, als das Risiko einzugehen, die Kontrolle zu verlieren und im Chaos zu landen. So wie in der Geschichte von dem Mann, der seinen Schlüsselbund verloren hatte und im Schein einer Straßenlaterne danach suchte. Ein Passant bot ihm seine Hilfe an. Nachdem sie eine ganze Weile gesucht hatten, ohne etwas zu finden, fragte dieser den Mann, ob er auch sicher sei, die Schlüssel dort verloren zu haben. „Das weiß ich nicht“, antwortete er, „aber hier ist es heller!“

Ich erinnere mich, wie ich einmal nach einer Feier ein Taxi nahm, um nach Hause zu kommen. Es war spät, und ich war müde. Der Taxifahrer jedoch hatte gerade Lust zu reden. „Aha, Sie wohnen also in einer Sackgasse!“, sagte er, als ich ihm meine Adresse nannte. „Nein, ganz sicher nicht“, antwortete ich kurz angebunden.“ „Doch, doch, das tun Sie“, meinte er und lachte. „Nein, ganz und gar nicht“, erwiderte ich verärgert. Ich wohne nämlich in der Tat in keiner Sackgasse. Wir machten eine ganze Weile so weiter, während ich spürte, wie in mir langsam die Wut hochkochte. Als der Fahrer schließlich in eine Tirade darüber ausbrach, dass er wohl nach all den Arbeitsjahren die Straßen der Stadt auswendig kenne, ging ein Gespräch zu

Ende, das beinahe entgleist wäre. In diesem Fall ging es um eine Bagatelle, es hätte sich jedoch ebenso gut um etwas Wichtiges handeln können. Beide waren wir uns unserer Sache sicher. Was für mich absolut falsch war, stellte für ihn seine subjektive Wahrheit dar. Sicherlich soll man sich über alle Dinge eine Meinung bilden. Aber es ist genauso gefährlich, sich an seine Ansichten festzuklammern, wie überhaupt keine Ansichten zu haben. Ansichten gehen aus der Erfahrung hervor und lassen sich von neuen Erfahrungen allmählich verändern. Es ist lebenswichtig, geradezustehen für das, was man denkt, es ist jedoch lebensgefährlich, sich mit seinen Ansichten zu stark zu identifizieren – weil man dann nämlich in eine Situation geraten könnte, in der man seine Auffassung um jeden Preis verteidigen muss, selbst wenn man begonnen haben sollte, daran zu zweifeln. Das Ergebnis kann eine getrübte Sicht und ein abgestumpftes Empfinden sein. Nachdem ich darüber einmal im Radio gesprochen hatte, bekam ich einen Brief von einem Zuhörer, der meinen Gedanken mit den Worten des alten Lunder Philosophen Hans Larsson weiter erhellen wollte: „Sei nicht zu schroff mit deinen Definitionen! Du möchtest die Wahrheit in Händen halten: Es ist gut, wenn du das kannst. Die Geheimnisse des Lebens gleichen einem Vogel im Walde. Halte dich nicht bei denen auf, die ungeschickt vorpreschen und ihn tot oder lebendig haschen wollen. Nähere dich ihm vorsichtig und halte still – dann kannst du ihn singen hören."

Es ist gar nicht so lange her, da war alles in unserer Welt ein Rätsel. Wunderliche Dinge geschahen im Namen der Wissenschaft und der Wahrheit. Im Mittelalter durfte man in den mitteleuropäischen Häusern keine Schädlinge bekämpfen, bevor nicht ein Beamter den Tieren eine Aufforderung laut vorgelesen hatte, das Haus zu verlassen – ein kurioses Beispiel dafür, wie weit wir inzwischen gekommen sind und wie viel wir wissen. Dennoch wissen wir nicht alles und können noch eine

Menge dazulernen. So meinen beispielsweise die Ethnologen, dass es etliche Volksstämme geben könnte, die unserer Kultur völlig unbekannt sind. Im Amazonasgebiet scheint es etwa fünfzig Stämme zu geben, die noch keinen Kontakt mit der Außenwelt hatten; man weiß von ihrer Existenz durch andere Indianergruppen in ihrer Nähe, einen anderen Kontakt gab es jedoch bisher nicht. Ein großer Teil des Wissens hat ein Verfallsdatum. Was in einer Epoche als Aberglaube galt, versteht eine andere als Allgemeinbildung. Es gibt Gründe, sich seiner Lieblingswahrheit unsicher zu sein. Immer und immer wieder wird das Alte ausgetauscht, und das Neue bricht herein. In der Zeit, die dazwischenliegt, steht das Chaos vor unserer Tür. Wir werden ein ums andere Mal gezwungen, niederzureißen und mit neuen Voraussetzungen auf einem festeren Grund neu zu bauen. Das ist die Bedingung der Weiterentwicklung. Chaos und Verwirrung gehören zu diesem Prozess dazu. Um für unseren Ruf hellhörig sein zu können, müssen wir bereit sein, unsere festen Positionen aufzugeben und unsere sicheren Ansichten in Frage zu stellen, und uns offen halten für das, was wir noch nicht wissen. Carl Erik von Geijerstam beschreibt diese Haltung in seinem Gedicht *Mellanrum (Zwischenraum):*

Dieser kurze Augenblick
vor allen gewohnten Bewegungen
und festen Geleisen,
dieser Augenblick der Unsicherheit,
bevor der Tag anbricht,
diese stumme Nähe
im unbekannten hereinströmenden Licht.

Manchmal geschieht das genaue Gegenteil dessen, was man sich vorgestellt hatte. Dies bringt einiges mit sich, stürzt Pläne um und schafft unerwartete Schwierigkeiten. Die Weltliteratur steckt voller Beispiele von Menschen, die versuchen, ihrem Auftrag zu entkommen. Eines der bekanntesten ist die biblische Geschichte vom Propheten Jonas. Die Erzählung handelt von dem Ringen mit einem Ruf und dem Widerstand dagegen, ihm zu folgen. In groben Zügen geht es um folgende Geschichte: Gott beauftragte Jonas, nach Ninive (einer großen Stadt in Assyrien, die durch und durch verdorben war) zu reisen und dort die Ordnung wiederherzustellen. Seine Predigten sollten die Menschen retten. Doch Jonas wollte das absolut nicht tun. Seine Zukunftspläne sahen anders aus. Er war ein führender Mann in Israel, was hatte er in Ninive verloren? Die Assyrer waren schließlich Feinde. Keiner würde auf ihn hören, der Versuch lohnte sich gar nicht erst. Nein, dieser Auftrag verlockte Jonas nicht im Geringsten. Er dachte gar nicht daran, nach Ninive zu reisen, und fuhr stattdessen mit dem Schiff zu einem ganz anderen Ziel, weg von seinem Auftrag und von seinem Herrn. Es wurde eine anstrengende Reise. Ein Sturm kam auf, und alles deutete auf einen bevorstehenden Schiffbruch hin. Als die Besatzung herausbekam, dass Jonas auf der Flucht vor dem Herrn war, wurden die Männer von Panik ergriffen. Er war es also, der das Unglück verursachte. Wie sollten sie dem Sturm ein Ende setzen? Nach vielem Wenn und Aber warfen sie Jonas ins Meer, und der Wind flaute ab. Jonas ertrank nicht, sondern wurde von einem Wal verschluckt. Drei Tage und drei Nächte war er im Bauch des Wals, mit seinen Gedanken allein vor Gott. Und er machte seinen Frieden mit sich selbst und dem Herrn. Der Wal spuckte Jonas an Land, wo er erneut den Befehl bekam, nach Ninive zu gehen und seinen Auftrag zu erfüllen. Das tat er diesmal auch, und wider alle Erwartungen nahmen die Menschen seine Worte an. Sie hörten ihm zu, bereuten ihr Verhalten und taten Buße. Durch sein „Ja“ wurde Jonas zu einem Werkzeug, das Ninive vor dem Verderben errettete. Darüber hinaus konnte er erleben, was viele andere bereits getan hatten, das heißt: Wir können nicht wissen, wie sich unser persönlicher Ruf in das große Muster einfügt. Für diejenigen, die vor dem Gedanken ausweichen, dass sie einen Auftrag zu erfüllen haben, prägte der amerikanische Psychologe Abraham Maslow den Begriff *Jonaskomplex*. Mag sein, dass wir Zeit brauchen, um Klarheit zu erlangen; ein echter Ruf holt uns jedoch immer ein. Das Schicksal ergibt sich nicht so ohne weiteres.

Im Leben der meisten Menschen gibt es etwas, das ein bestimmtes Gefühl der Sicherheit vermittelt und ohne welches man nicht auskommen zu können meint. Das mag etwas ganz Konkretes sein – eine bestimmte Beziehung, Geld oder Eigentum, eine Arbeit, ein Haus, ein Ort –, aber auch etwas Abstraktes wie beispielsweise Macht, Popularität, Prestige, Status oder Freiheit. Über eben *dieses* verlieren wir ungern die Kontrolle. Der Ruf kann eine unwillkommene Störung sein. Wenn er unsere Sicherheit bedroht, tun wir vielleicht so, als wäre nichts, und leisten ihm sogar Widerstand. Aufbruch tut weh, etwas zu beenden und uns zu trennen zerreißt uns und lässt uns aufbegehren.

Wir Menschen sind selbstsüchtig und urteilen rasch nach unseren eigenen Werten; wir behaupten unseren eigenen Willen und stellen unsere eigenen Bedürfnisse in den Mittelpunkt. Durch unsere Selbstsucht schaden wir einander bewusst oder unbewusst. „Das Gute, das ich will, tue ich nicht, doch das Böse, das ich nicht will, das tue ich.“ Diese Formulierung des Apostel Paulus trifft ins Schwarze, und wir bieten einander keine besondere Hilfe zur Besserung. Persönlicher Erfolg steht in unserer Gesellschaft hoch im Kurs. Halte gut fest, was du hast, und sieh bloß zu, dass du noch mehr bekommst! Wir werden unaufhörlich dazu aufgefordert, uns selbst an die oberste Stelle zu setzen, zu schauen, dass wir all das bekommen, was wir haben wollen, und diejenigen herabzusetzen und beiseite zu stoßen, die uns dabei im Wege stehen. Eigennutz gilt als eine ganz normale Treibkraft und damit als legitim: Wer sich um sein Haus kümmert, ist ja schließlich ein kluger Mensch! Für diejenigen, die schon lange in dem Glauben leben, auf alles ein Anrecht zu haben, klingen Wörter wie „Opfer" und „Verzicht" fremd.

Die meisten von uns müssen auf dem Weg der Berufung etwas aufgeben. Sagt man „Ja" zu einer Sache, so sagt man automatisch „Nein" zu einer anderen. Entwicklung schließt für gewöhnlich auch eine „Abwicklung" ein; eine Wahl zu treffen bedeutet gleichzeitig, etwas anderes auszuschließen. Dies konnte ich selbst erleben, als ich vor einigen Jahrzehnten herausbekam, dass meine eigentliche Aufgabe vor allem darin bestand zu schreiben. Rein praktisch bedeutete dies, dass ich mich nun, oft für längere Zeit, still und alleine in unser Haus in Schonen zurückzog. Damit das möglich würde, musste ich meine Praxis aufgeben, denn es ist nicht sinnvoll, Psychotherapeut zu sein, wenn man die halbe Zeit abwesend ist. Das war keine einfache Entscheidung. Und es war auch nicht leicht, andere Dinge aufzugeben, nachdem ich bald eingesehen hatte, dass ich sie, um meinen Weg gehen zu können, opfern musste: regelmäßige Treffen mit meinen Enkelkindern, enge Kontakte mit Freunden, diverse Einladungen und Theaterbesuche und vor allem die Teilnahme am gewohnten alltäglichen Leben. Mir tat das Herz oft weh, wenn ich weggehen musste, und ich habe mich immer wieder gefragt, was ich da eigentlich tue und ob es diesen Preis wirklich wert ist.

Solche Opfer sind selbstverständlich relativ gering. Ein Ruf, der das gesamte Leben verändert, wie beispielsweise der, in ein

Kloster einzutreten, erfordert es, Dinge aufzugeben, die von den meisten Menschen als lebensnotwendig erachtet werden: persönliches Eigentum, Freiheit, Karriere, die Gründung einer Familie und das Erleben von Sexualität in einer Partnerschaft. Diejenigen, die sich solcher Dinge aus freien Stücken enthalten, sind nicht aus einem anderen Holz geschnitzt als wir anderen; die Schwestern und Brüder einer religiösen Gemeinschaft sind normalerweise weder auffällig besser noch auffällig schlechter als die übrigen Menschen. Wenn man keine sexuelle Lust oder keine Sehnsucht nach einem Kind empfindet, so bedeutet es kaum ein Opfer, darauf zu verzichten. Sie verzichten darauf, um etwas Besseres zu erlangen.

Das, worauf man verzichtet, ist nicht immer etwas Konkretes. Es kann sich um einen Traum handeln, den man zerstören muss, um sich auf den Weg konzentrieren zu können, den man gewählt hat: beispielsweise um den Traum davon, wie das Leben hätte sein können, wenn es nicht so wäre, wie es ist! „Im Leben eines jeden Mannes gibt es zwei Frauen: diejenige, die er heiratet, und diejenige, die er nicht heiratet", habe ich irgendwo gelesen. Wir müssen das loslassen, was einmal möglich war, damit wir völlig in der Wirklichkeit leben können, die wirklich ist. Sagen wir ein kräftiges „Nein" zu etwas Bestimmtem, ermöglichen wir ein kräftiges „Ja" zu etwas anderem. Wer nicht verzichten kann, kann auch nicht vollkommen genießen.

Die Angst, das zu verlieren, was man behalten möchte, weckt starke Gefühle. Eifersucht ist ein Beispiel für ein solches Gefühl, das die Seele zerfrisst. Es gibt nur wenige Menschen, die keine Eifersucht erlebt haben. In der Mythologie waren selbst die Götter nicht frei davon. Die Geschichte von Hippolytos kann das illustrieren. Der junge Mann betete Artemis, die Göttin der Reinheit, an. Aphrodite, die Hüterin der Liebe und Erotik, wurde eifersüchtig und ließ Phaidra, die Schwiegermutter des Hippolytos, sich in ihn verlieben, was zu mancherlei

Verwicklungen und schließlich zur Katastrophe führte. Hippolytos wurde von seinen eigenen Pferden zu Tode getrampelt, die beim Anblick einer riesigen tierförmigen Welle, die Aphrodite erschaffen hatte, in Panik gerieten. Wer Opfer seiner Gefühle ist, kann seine Kräfte nicht steuern. Er kann keine vernünftige Entscheidung treffen und kein bindendes Versprechen geben. Er ist blind und taub für alles, was über sein eigenes Erleben hinausgeht. Die Verwirrung ist groß und der Weg, der weiterführen soll, vorübergehend gesperrt.

Selbst wenn der Ruf seinen Preis einfordert, ist es wichtig, sich klar zu machen, dass man niemals seine tiefste Identität aufgeben muss. Ganz im Gegenteil: Gerade derjenige beginnt zu blühen, der das tut, was er tun muss, und sich vom Leben überraschen lässt. In dem Augenblick der Überraschung werden wir glatt umgeworfen und verlieren vielleicht die Sicherheit, ohne die wir meinten nicht leben zu können. Der Ruf trifft zuweilen unsere wundesten Stellen. Sich führen zu lassen, ist ein Wagnis, das ein Leben für immer verändern kann. So wie das Eeva Kilpis in einem Gedicht beschreibt:

> Sag nur, wenn ich störe,
> sagte er, als er eintrat,
> dann gehe ich sofort.
>
> Du störst nicht nur,
> antwortete ich,
> du erschütterst meine gesamte Existenz.
> Sei mir willkommen.

Hin und wieder ist es schmerzlich, den Weg zu gehen, zu dem uns der Ruf auffordert. Buddha hat gesagt: „Es gibt Schmerz." Das sind drei einfache Worte, die in ihrer Knappheit eine grundlegende Wahrheit enthalten, gegen die wir uns wehren. Leid ist ein unvermeidlicher Teil unseres Lebens – Gott sei Dank, wie ich meine. Ein Leben ohne Schmerz ist kein ganzes Leben. Der Schmerz steht uns nicht *im Weg*, er ist *der Weg*. Wenn wir den richtigen Gebrauch davon machen, kann er uns das sehen lassen, wovor wir sonst zurückschrecken, und uns an unsere eigene Tiefe heranführen. Die Wunden in unserem Leben können uns helfen, das Wesentliche zu erkennen. Die Schmerzen versetzen uns in einen Nahkampf mit uns selbst und lehren uns das, was wir auf keine andere Weise erfahren könnten. Gleichwohl sträuben wir uns, wie gesagt, dagegen. Neulich las ich von einer Statue der Künstlerin Marie-Louise Ekman, die auf einem Platz in Limhamn stehen sollte. Sie trägt den Titel *Die schwedische Schwermut* und zeigt in voller Größe den Mann der Bildhauerin, den Schauspieler Gösta Ekman, wie er still weint. Das ist sehr schön, finde ich. Doch nicht wenige aus der lokalen Bevölkerung fühlte sich von dieser nackten Trauer provoziert, und die Politiker in der Gegend sagten „Nein". Obwohl wir um unser Ausgesetztsein wissen und obwohl das Leben selten so wird, wie wir es uns denken, scheinen wir uns doch einzubilden, wir könnten das Schwere umgehen – als bildeten Schmerzen und Leiden die Ausnahme im Leben. Zwar sagen wir das nicht ausdrücklich, aber es lässt sich hinter unseren Worten erahnen. Eigentlich ist es merkwürdig, wenn der Trauernde fragt: „Warum ist das gerade *mir* passiert?" Man könnte sich ebenso gut fragen, warum es *nicht* mir passieren sollte. Wer hat denn gesagt, dass das Leben leicht sei oder gerade ich verschont bleiben würde? Wie können wir im Übrigen wissen, was gut oder schlecht ist, bevor die Zeit gezeigt hat, was unsere Erfahrungen aus uns und wir aus ihnen gemacht haben? Es gibt kein Erwachen ohne Schmerzen, und doch trägt jede Trauer einen Schatz in sich, der geborgen werden will. Alle Gefühle haben ihren Sinn. Wenn wir unsere dunklen Seiten verleugnen, erweisen wir uns selbst einen schlechten Dienst.

Viele Mythen ranken sich um die Trauer. Das meiste, was wir über das Trauern lernen, ist nicht wahr, meint Anders Magnusson in einem Artikel im *Svenska Dagbladet* vom Herbst 2003. Zu den falschen Vorstellungen, denen viele zum Opfer gefallen sind, gehören die folgenden: 1) Sei nicht traurig. (Reiß dich zusammen, weine nicht zu lange!) 2) Ersetze den Verlust. (Du kannst einen neuen Hund haben! Du wirst sicherlich wieder schwanger werden!) 3) Trauere allein! (Stör deine Mutter nicht, sie ist traurig!) 4) Die Zeit heilt alle Wunden. 5) Sei stark. (Was oft bedeutet, dass man nicht das empfinden soll, was man empfindet.) 6) Beschäftige dich mit irgendetwas. (Vergrabe dich in irgendeine Tätigkeit, zerstreue deine Gedanken).

Die Trauer kann uns vieles lehren, und der Schmerz kann eine reiche Quelle des Verstehens und der Stärke sein, wenn wir ihn in uns zu Ende wirken lassen und der Versuchung widerstehen, ihn zu verleugnen oder ihm seinen Stachel zu nehmen. Gib dem Schmerz eine Chance, in deinem Leben zu wirken, das ist die beste Möglichkeit, ihn zu überwinden und weiterzugehen. Regen ist immer Regen, doch gibt er sowohl Blumen als auch Unkraut Nahrung. Selbst der schlimmste Schmerz kann sich in eine neue Lebensbejahung verwandeln.

Die meisten von uns haben ihr eigenes „Ungeheuer“, gegen das sie kämpfen müssen. Oftmals sind es Schatten aus der Vergangenheit, die – an einem sonnigen Tag ebenso wie in der tiefsten Nacht – über uns hereinbrechen können. Das Schreckliche an ihnen ist: Sie kommen unangekündigt. Von manchen

Ungeheuern können wir uns vielleicht niemals befreien. Wir können uns an sie gewöhnen und können sogar lernen, mit ihnen umzugehen und sie auf diese Weise ihrer Macht zu berauben. Der erste Schritt dahin ist, nicht die Augen zu verschließen vor dem, was uns Angst machen kann, sondern ihm direkt ins Auge zu schauen. Wir sollten mit der einen oder anderen Herausforderung rechnen, die uns erzittern lässt. Das ist nichts als eine natürliche Möglichkeit, unseren Weg zu suchen. Nimmt die Angst jedoch ab, kann das auf dem Weg der Berufung zu einem richtigen Hindernis werden.

Jede Erfahrung einer Verwirrung, jedes Einbrechen von Leid in unser Leben gibt uns die Chance zu entdecken, dass das Monster aus dem Labyrinth nicht nur von Übel ist. Der Minotaurus, das Ungeheuer, das in der Mitte des Labyrinths schlief, hieß Asterion, was Stern bedeutet. „Wir müssen uns mit äußerster Ehrfurcht um das Leid bemühen, damit wir in unserer Angst vor dem und in unserem Zorn auf das Ungeheuer nicht den Stern übersehen“, schreibt Thomas Moore. Die qualvollen Gefühle haben in unserem Leben einen Auftrag, sie werden uns nur dann zum Hindernis, wenn wir sie beiseite schieben. Es gibt keinen noch so tiefen Abgrund, der nicht gleichzeitig auch ein Weg wäre.

Die Erkenntnis, dass das Leid ein Teil des Lebens ist, befreit uns nicht von unserer Qual, aber sie mäßigt sie. Wenn wir aufhören, uns gegen die schweren Gefühle zu wehren, merken wir bald, dass sie eine Kraft besitzen, die wir für uns nutzen können. Die Furcht lockt unseren Mut hervor, die Angst gibt uns Anlass zur Hoffnung. Die Verzweiflung kann uns die Wirklichkeiten des Lebens offenbaren und uns die Kraft verleihen, uns aus einer hoffnungslosen Situation zu retten und uns von dem zu befreien, was uns fesselt und erdrückt. „Verzweiflung ist nicht dasselbe wie Freiheit, aber sie stellt eine notwendige Vorbereitung für die Freiheit dar“, schreibt Rollo May. Die

Anonymen Alkoholiker wissen aus langjähriger Erfahrung, dass jemand, der in einer Alkoholabhängigkeit gefangen ist, diese niemals loswerden kann, bevor er oder sie nicht die tiefe Verzweiflung erlebt hat, die dem Freiheitsrausch vorausgeht. In der Psychotherapie können Verzweiflung und Hoffnungslosigkeit einen Ansporn darstellen, eine Veränderung im Leben in Angriff zu nehmen. Kierkegaard nennt die Verzweiflung eine Krankheit im Geiste, die verzweifelte Weigerung des Menschen, er selbst zu sein. Es gibt verschiedene Arten von Verzweiflung, schreibt er, unter anderem die Verzweiflung, *nicht* man selbst als ein kreatives, verantwortungsvolles Subjekt *sein zu wollen*, aber auch den verzweifelten Versuch, eben dieses *zu sein!* Am allerschlimmsten ist es, damit anzugeben, niemals verzweifelt gewesen zu sein, denn dies bedeutet lediglich, dass man seinem ungeschminkten Selbst noch nicht begegnet ist. Wer auch die Verzweiflung – ebenso wie sonst alles Schwere, was Menschen zuweilen heimsucht – annimmt, macht einen weiteren Schritt auf ein freieres, echteres Leben zu. Leid und Glück bilden ein unzertrennliches Paar. „Dort, wo es Trauer gibt, gibt oder gab es Freude wie eine Melodie, die man einmal gehört hat", schreibt Göran Tunström in *Under tiden (In der Zwischenzeit)*. Dem Leben entgegenzugehen, obwohl es zwischendurch wehtut, und ohne den Verfall und die Verluste zu verleugnen, mit denen wir letztendlich alle konfrontiert werden, ist ein Teil unserer Aufgabe in dieser Welt – und nicht vor Herausforderungen zurückzuschrecken. Der Weg, der uns am meisten schont, ist nicht immer der beste. So wie uns Rilke ermahnt, kein Leid und keine Schwermut aus unserem Leben auszuschließen, da wir nicht wissen, was diese Zustände mit uns anstellen werden. Dieser Gedanke hat mir oftmals geholfen, einen Schritt in das Schwere hinein – und wieder heraus – zu gehen. Sich vor dem Schmerz zu drücken bedeutet, sich selbst kleiner zu machen. Wer sich gegen das Leid wehrt, wehrt sich auch gegen das Leben. Der Weg aus dem Schmerz heraus führt durch eben diesen hindurch.

Angst, ins Abseits zu geraten

Als Kind hat mich das Bild von dem Mädchen mit den Streichhölzern aus Hans Christian Andersens Märchen stark berührt. Ich meinte zu wissen, wie es ist, draußen in der Kälte zu stehen. Die Angst, nicht dabei zu sein, ins Abseits zu geraten, kann einen Menschen dazu bringen, auf vieles zu verzichten, einschließlich seines Stolzes und des Respekts vor sich selbst. Das Dasein als Außenseiter war in vielen Gesprächen, die ich während meiner Zeit als Psychotherapeutin geführt habe, ein Hauptthema. Wenn sich ein Mensch davon abhängig macht, in einem bestimmten sozialen Gefüge zum inneren Kern zu gehören, geschieht dies manchmal um den Preis seiner Integrität. Wenn man zu sehr darauf bedacht ist, sich einzupassen, nicht anzuecken, nicht zu stören, kann es schwer sein, den Kontakt mit dem Echten in einem selbst zu wahren. Möchte ich wirklich in eben diesem sozialen Gefüge dabei sein? Wie wichtig ist mir das? Was kostet es mich, und was ist es wert? Das sind wichtige Fragen, die wir leicht beiseite schieben. Außerdem habe ich ziemlich oft Menschen getroffen, die ihr Profil und ihr Geschick – für den Fall, dass sie als eine Bedrohung aufgefasst würden – bewusst abschwächen. Sie lassen sich ihre Kraft nicht anmerken und glätten ihre Charaktereigenschaften, um nicht merkwürdig zu wirken und zu verhindern, dass man sie verwirft und ins Abseits stellt. Im schlimmsten Fall besteht der Preis für Dazugehören und Angenommensein darin, seinen eigenen Weg zu verraten. Die eigene Stärke ist dann eher eine Belastung als ein Potential, mehr ein Hindernis als ein Sprungbrett. Da man nicht weiß, was man mit der eigenen Kraft anfangen soll, hört man auf, sie einzusetzen, und vergisst bald, dass man sie überhaupt besitzt. Talente werden nicht entwickelt, Kreativität wird nicht freigesetzt, und man ist nicht der einzigartige Mensch, der man eigentlich ist.

Eine besondere Art des Außenseitertums kann dann entstehen, wenn jemand, der einem Ruf folgt, mehr oder weniger freiwillig in das Licht der Öffentlichkeit gerät und vielleicht sogar gewissermaßen zum Prominenten avanciert. Auf eine gewisse Art ist das herrlich, eine herausragende Position hat ihren Charme. Allerdings bringt sie eine Verletzbarkeit und eine Isolation mit sich, in die sich derjenige, der sie nicht erlebt hat, schwer hineinversetzen kann. Ich glaube, dass das für denjenigen, der nicht aktiv nach einer solchen Stellung gesucht hat, sondern dem seine „Prominenz" quasi als Nebenwirkung eines Auftrags zugefallen ist, äußerst schwer, ja eine richtige Qual ist. Was aus der Ferne wünschenswert erscheint, ist bei näherer Betrachtung nicht immer ebenso entzückend. Die Kehrseite von Applaus und Bewunderung kann Neid und Eifersucht sein. Und das kann dann das Gefühl verstärken, anders zu sein und im Abseits zu stehen. Das kann richtig wehtun, denn jenseits des Glanzes und des glücklichen Lächelns finden sich die Reste des kleinen Kindes wieder, das jeder von uns in sich trägt und das nicht selten angenommen sein möchte, tief in seinem Inneren jedoch daran zweifelt, ob es dessen wert ist.

Ebenso kann auch eine reiche Begabung manchmal dazu führen, dass man zum Außenseiter wird. Dort, wo viele Wege offen stehen, kann es schwer sein, sich an einen einzigen zu halten. Welcher von all diesen denkbaren Wegen ist der meine? Angesichts einer unmöglichen Wahl ist man unschlüssig. Genau dieses meint Goethe, wenn er schreibt, dass ein Mensch – so sehr er auch immer, im Himmel und auf Erden, in der Gegenwart und in der Zukunft, nach seiner höheren Bestimmung suche – Opfer eines ständigen Schwankens bleibe, eines äußeren Einflusses, das ihm immerzu Sorgen bereite. Goethe war regelmäßig deprimiert und litt stark, weil er sich seiner Lebensaufgabe nicht sicher war. Noch im Alter von vierzig Jahren grübelte er darüber, wohin er gehörte: War er Dichter, Künstler oder Wissenschaftler? Welcher Disziplin sollte er sein Leben widmen? Ein Übermaß an Alternativen erschwert eine klare Sicht der Dinge. Wer viele Wahlmöglichkeiten hat, entscheidet sich manchmal für keine von ihnen. Mehrfach begabte Menschen haben es manchmal deutlich schwerer, ihren Weg zu finden, und greifen mit ihrer Wahl oft daneben. Wer frühzeitig und vielleicht ohne viel nachzudenken einen schmalen und eingleisigen Weg wählt, kann darauf stecken bleiben und die Fähigkeit verlieren, über die eigene Nasenspitze hinauszublicken. Sein Lebensraum schrumpft zusammen, und er verliert die Perspektive. In ihrem Essay *Drei Guineen* gibt Virginia Woolf einen bitteren Kommentar dazu, wie armselig es im Leben der „glücklichen" Menschen aussehen kann. Sie schreibt: „Unter anderem wird uns die Ansicht beigebracht, dass Menschen, die in ihrer gelehrten Tätigkeit besonders erfolgreich sind, ihre Sinne einbüßen. Ihr Sehvermögen geht verloren. Sie haben keine Zeit, Kunst zu betrachten. Ihr Hörsinn geht verloren. Sie haben keine Zeit, Musik zu hören. Ihre Sprache geht verloren. Sie haben keine Zeit, sich zu unterhalten. Sie verlieren ihren Sinn für Proportionen – für das Verhältnis zwischen dem einen und dem anderen. Ihre Menschlichkeit schwindet dahin."

Auch die besonders charismatischen Menschen laufen Gefahr, in eine Sonderposition und damit in eine Art von Einsamkeit zu geraten. Das Wort Charisma ist griechisch und bedeutet Gnadengabe. Menschen mit Charisma wurden mit einer besonderen Leuchtkraft beschenkt, die andere anzieht, mit einer Fähigkeit, die gebraucht oder missbraucht, nicht jedoch willentlich gesteuert werden kann. Man kann keine Entscheidung dafür treffen, charismatisch zu sein oder von dem Charisma, das man besitzt, abzustehen. Auch kann man nicht davon ausgehen, dass das Charisma stets eine gleichmäßige Stärke besitzt. Das Charisma funktioniert nach seinen eigenen Gesetzen. Gibt jemand seiner Neigung zu einer charismatischen Person nach, macht er damit deutlich, dass er diesen Menschen als ein wenig anders ansieht, als einen Gegenstand besonderer Ansprüche, Wünsche und Hoffnungen, die oft unrealistisch sind. Ein solches „Auserwähltsein“ kann eine Einsamkeit erzeugen, die jemand, der dies nicht erlebt hat, schwer verstehen kann.

Es gibt auch eine selbstverschuldete Art, ins Abseits zu geraten. Die *Hybris*, die Sünde des Hochmuts, kann zu einer Art von Isolierung führen, die das ausgesetzte Ich selbst hervorgerufen hat. Von der Hybris befallen zu sein bedeutet, sich selbst über die Menge zu erheben zu versuchen, seine eigenen Fähigkeiten zu über- und diejenigen anderer zu unterschätzen, nicht den gleichen Bedingungen unterworfen sein zu wollen. Wird ein Mensch von der Hybris gepackt, überschätzt er seine eigenen Talente maßlos und versucht sich eine Macht anzueignen, die sich über kurz oder lang als Illusion erweist. Er meint, besser zu sein als die anderen, und vergisst dabei die Wahrheit, die ein italienisches Sprichwort enthält: Wenn das Schachspiel zu Ende ist, werden alle Figuren – Bauer und König, Königin und Läufer – in denselben Kasten zurückgelegt! In der antiken Welt war Hybris eine Bezeichnung für den Hochmut. Wenn die Hybris einen Menschen befiel, fühlte sich dieser allmächtig und kam auf den Gedanken, die Grenze zwischen Göttern und Menschen überwinden zu können. In seinem Eifer, den Göttern ähnlich zu sein, verlor er sein Maß und schätzte seine eigenen Fähigkeiten falsch ein. Auf dem Giebel des Apollotempels war die Inschrift „Nichts im Übermaß“ eingraviert, eine Erinnerung daran, dass die Strafe der Götter jeden ereilt, der seine menschlichen Grenzen vergisst. Wenn man der Hybris zum Opfer fällt, ignoriert man seine Abhängigkeit von seinen Mitmenschen, aber noch mehr seine Abhängigkeit von Gott. Denn wer in der Hybris gefangen ist, hat die Fähigkeit verloren, auf seine innere Stimme zu horchen.

Angst, nicht gut genug zu sein

Gewogen und für zu leicht befunden – es gibt Menschen, die sich nichts Schlimmeres vorstellen können. Auch ich habe oft die Unruhe gespürt, nicht gut genug zu sein, und habe ihr erlaubt, mich daran zu hindern, das zu tun, was ich tun wollte. Die Angst, nicht zu taugen, hat wohl die Entwicklung vieler Menschen gehemmt. „Du liebes bisschen, was habe *ich* schon zu bieten?“ oder „Das hier schaffe ich nicht, frag doch lieber jemand anders“ oder „Das geht leider nicht, komm lieber später darauf zurück, wenn ich ein wenig mehr darüber weiß“. So reden wir und meinen: „Es könnte sich schließlich herausstellen, dass ich das nicht schaffe!“ So klingt es, wenn ein Mensch vor eine Aufgabe gestellt wird, der er nicht gewachsen zu sein glaubt. Und darin liegt das Paradoxe. Diese scheinbar demütige Haltung kann eine Art sein, mein „kleines Ich“ – an dessen Wert ich hartnäckig zweifeln will – in den Mittelpunkt zu stellen. Diese als Selbstverneinung verkleidete Haltung kann als Deckmantel dafür dienen, dass ich nicht willens bin, meine Aufgabe auf mich zu nehmen und das zu tun, was gerade ansteht. Eine Voraussetzung dafür, dass wir unseren Auftrag ernst nehmen können, liegt darin, dass wir uns unsere (fast immer gemischten) Motive deutlich machen und darauf achten, uns selbst weder zu über- noch zu unterschätzen.

Es gibt unzählige Arten, säumig gegenüber seinem Ruf zu sein; die Selbstverneinung ist, meiner Meinung nach, eine der häufigsten davon. Es ist üblich, dass wir uns angesichts eines

Rufs unwürdig fühlen. Moses sagte fünf Mal „Nein", bevor er seinen Auftrag annahm. Unter anderem wich er ihm aus, indem er sagte, er sei keine bemerkenswerte Person, das Volk werde ihm nicht vertrauen und er könne nicht gut reden. Sicherlich erkennen sich viele von uns in diesen Entschuldigungen wieder. Setzen wir uns selbst herab, um nicht sehen zu müssen, was wir für Möglichkeiten haben? Sind wir linkisch, damit wir uns nicht anstrengen müssen, unsere Kompetenz zu beweisen? Bleiben wir stumm, um unsere Meinung nicht äußern zu müssen? Sind wir lau, damit wir nicht brennen müssen? Sind wir taub, um nicht zu hören, dass für uns die Zeit gekommen ist zu reifen? Schwach, damit wir keine Verantwortung für unsere Stärke übernehmen müssen? Gleichgültig, damit wir das Risiko nicht eingehen müssen, zum Leben erweckt zu werden?

Der berühmte Opernsänger Fjodor Schaljapin äußerte einmal in einem Interview, seine Lebensaufgabe bestehe darin, sich dem authentischen Kern des Gesangs zu nähern, weil sich eben dort auch das Wahrste an ihm selbst befände. Zu seiner Begabung zu stehen, stellt einen Schritt auf dem Weg der Berufung dar. Wenn Licht in dunkle Ecken dringt, erkennen wir, wozu wir gut sind. Das können oder wollen vielleicht nicht alle sehen. Wir möchten nicht immer wissen, dass wir mehr taugen, als wir geglaubt hatten. Nelson Mandela las anlässlich seiner Vereidigungsrede folgendes Gedicht:

> Unsere größte Angst ist nicht,
> unzulänglich zu sein.
> Unsere größte Angst ist,
> unbegrenzt mächtig zu sein.
> Unser Licht, nicht unsere Dunkelheit
> ängstigt uns am meisten.

Wir fragen uns: Wer bin ich denn,
dass ich brillant, großartig, bewundernswert, talentiert, sagenhaft sein soll?
Aber wer bist du, es nicht zu sein?
Du bist ein Kind Gottes.
Es dient der Welt nicht,
wenn du dich klein machst.
Sich klein zu machen,
nur damit sich andere um dich nicht unsicher fühlen,
hat nichts Erleuchtetes.

Wir wurden geboren,
um die Herrlichkeit Gottes, der in uns ist, offenkundig zu machen.
Sie ist nicht nur in einigen von uns,
sie ist in jedem Einzelnen.
Und wenn wir unser eigenes Licht scheinen lassen,
geben wir damit anderen unbewusst die Erlaubnis,
es auch zu tun.

Wenn wir von unserer eigenen Angst befreit sind,
befreit unsere Gegenwart automatisch die anderen.

Wissen verpflichtet. Ein scharfer Blick stellt einen Zwang dar, uns für etwas – und folgerichtig gegen etwas anderes – zu entscheiden. Wenn sich die Augenbinde lockert, können wir nicht mehr so tun, als wären wir blind. Neue Möglichkeiten geraten in unser Sichtfeld, ebenso wie neue Einsichten, Pflichten, Freiheiten, Lasten und Grenzen – Dinge, die uns dazu verleiten können, die neu gewonnene Freiheit zu verleugnen. Gründe dafür gibt es viele: Faulheit und Bequemlichkeit vielleicht, mindestens ebenso oft lässt uns jedoch der Zweifel an den eigenen Fähigkeiten Widerstand gegen das Mögliche leisten, statt es mit offenen Armen willkommen zu heißen. Ein mangelndes Selbstvertrauen ist dabei nichts Ungewöhnliches. Das kann dazu führen, dass wir uns selbst und anderen fremd sind. „Nur wenige Menschen akzeptieren und lieben sich selbst", schreibt der Karmelitermönch Wilfrid Stinissen. „Ein Mensch, der sich nicht selbst liebt, kann auch nicht die Liebe anderer auf gesunde Art und Weise entgegennehmen. Demjenigen, der an seinem eigenen Wert zweifelt, werden die anderen Menschen zu Rivalen und Konkurrenten. Eine positive und offene Begegnung wird dann unmöglich." In uns liegt eine tiefe Sehnsucht danach, mit Liebe behandelt zu werden, und eine ebenso tiefe Angst davor, verworfen und verstoßen zu werden. Wer den Teil an Fürsorge und Zuneigung bekommen hat, der ihm zusteht, hat es leichter, die Welt mit einem liebevollen Blick zu betrachten. Die Wahrheit ist allerdings, dass die Welt voller Menschen ist, die nicht genügend Liebe bekommen haben, die sich schwer damit tun, enge Beziehungen zu knüpfen und das Wagnis einzugehen, an sich selbst zu glauben, Menschen, denen es an der Fähigkeit mangelt, sowohl sich selbst als auch andere zu lieben. Menschen, deren Vertrauen fundamental gelitten hat, verbarrikadieren sich nicht selten hinter einer Mauer aus Glas, die trotz ihrer Durchsichtigkeit undurchdringlich bleibt. Sie halten andere auf Armeslänge, in dem Glauben, auf diese Weise dem Schmerz, den die Nähe mit sich bringt, zu entrinnen.

Wenn ein solcher Mensch eine tiefere Einsicht in die Ursachen erlangt, die dieser Unsicherheit und Angst zu Grunde liegen, wird er langsam bereit, die Grenzen, die er selbst aufgestellt hat, zu überprüfen und die ersten tastenden Schritte auf seinem Weg zu gehen. In dieser Situation regt sich oft Widerstand, meist in Form von Zweifel. „Ja, aber …", sagt man dann, „Und was ist, wenn …", „Nicht gerade jetzt, vielleicht später …", „Ich kann das nicht …". Der Variationen gibt es unendlich viele. Nur selten fühlt sich ein Mensch, wenn er den Ruf wahrnimmt, ganz und gar bereit und vollkommen kompetent. Ich glaube, dass selbst die Apostel nicht das Gefühl hatten, ausgelernt zu haben, als sie ihren Auftrag übernahmen. Sicher dachten sie, dass es gut wäre, noch ein wenig zu warten, ihren Meister noch ein bisschen länger bei sich zu haben, etwas festeren Boden unter den Füßen zu gewinnen, bevor sie sich bereit fühlen würden, hinauszugehen und ihre frohe Botschaft zu verbreiten. Das Leben versetzt uns allerdings manchmal in Situationen, in denen das einzig Angemessene ist, wie Ingemar Stenmark zu sagen: „Man braucht nur zu laufen." „Ganz unabhängig davon, ob du es kannst oder nicht, du hast ein Recht darauf", hat jemand einmal gesagt. Es ist keine Kunst, Gründe zu finden, ein wenig zu warten: um etwas sicherer, etwas besser zu werden, um ein nicht so großes Risiko einzugehen usw.

Eine übliche Komplikation stellt das Gefühl dar, perfekt sein zu müssen, um etwas zu taugen. Wir *müssen* jedoch nicht perfekt sein, es reicht völlig aus, wenn wir gut genug sind. Wie oft müssen wir dies hören, bevor es in uns Wurzeln schlägt? Die Vollkommenheit liegt darin, wir selbst zu sein, und nicht darin, keinen Makel zu haben. Viele Menschen, einschließlich meiner, müssten sich das in großen Lettern an die Wand schreiben. Erst wenn wir aufgehört haben, nach der Vollkommenheit zu streben, öffnet sich uns der Weg nach vorne. In seinem Buch *Under tiden (In der Zwischenzeit)* gibt Göran Tunström ein wunderbares Gedicht von Li Kann wieder:

> Die Einsicht des Menschen muss mit den Mängeln des Menschen rechnen.
> Und oft sind es keine Mängel, sondern ganz einfach das menschliche Format,
> die Fähigkeit des schwachen Gefäßes, Wasser zu fassen.
> Man kann es nicht mehr als bis zum Rand füllen (…)

Doch habt ihr denn schon mal gehört, dass sich die
Wasserträgerin an die Quelle hinsetzt,
um ihren Krug zu schelten, nur weil er keine Schöpfkelle mehr fasst?

Wir müssen nicht *die Besten sein.* Unsere Aufgabe besteht darin, *unser Bestes zu tun.* Es reicht, wenn wir so groß sind, wie wir sind. Vergleiche mit anderen – oder besser gesagt mit unseren Fantasien von ihnen – führen meist zu Zweifeln und Lähmungserscheinungen. Man kann das natürlich auch als einen Grund zur Passivität benutzen. Überbeanspruchung endet manchmal mit der Preisgabe jeglichen Anspruchs. Wir fürchten die Konkurrenz und verzichten darauf, uns auf sie einzulassen. Die Angst vor dem Misserfolg kann eine raffinierte Form des Hochmuts darstellen. Als ich eines der Kapitel dieses Buches fast beendet hatte, gab mir ein Freund eine in den 1940er Jahren verfasste Schrift des französischen Philosophen Emmanuel Mounier. Meine erste Reaktion war Entsetzen: Er hatte über genau dasselbe geschrieben, das ich in Worte zu fassen versuchte. Als sich die Scham gelegt hatte, dachte ich anders darüber. Jeder Mensch muss *seinen* Weg gehen, *seine* Erfahrungen wiedergeben und die Welt auf *seine* Weise gestalten und erhellen. Das Rad kann ruhig immer wieder aufs Neue erfunden werden – die Gedanken entstehen in einer anderen Form und in einem anderen Zusammenhang. Das Lebensnotwendige hält es aus, so oft, wie es nur geht, wiederholt und geformt zu werden, in verschiedenen Sprachen, verschiedenen Situationen und von verschiedenen Menschen. Auf diese Weise funktioniert authentische Entwicklung. Nur so teilen wir unser Wissen mit den anderen und erforschen ihre Art zu sein. Und auf diese Weise erweitern wir – alleine und in Gemeinschaft – unsere Grenzen. „Grenzen? Ich habe noch nie welche gesehen. Aber ich habe gehört, dass sie in den Gedanken mancher Menschen existieren“, sagte einmal Thor Heyerdahl. Sich mit anderen zu vergleichen stellt einen sicheren Weg dar, sich selbst Grenzen zu setzen. Und wer sich selbst begrenzt, begrenzt auch ein bisschen die gesamte Menschheit.

Das Vergleichen geht mit dem Neid oft Hand in Hand. Die Lebensaufgaben anderer Menschen erscheinen wichtiger als unser eigener Weg, ihr Leben wirkt spannender als das unsere. Wir machen uns selbst kleiner und versinken mit der Zeit immer tiefer in den Sumpf des Neides. Die Luft geht uns aus, und der Raum schrumpft zusammen. Wenn der Neid die Führung übernommen hat, bleibt das Leben stehen. Wir vergessen, dass niemand kleiner sein muss, bloß weil jemand anderer groß ist. Zwar wohnt dem Neid eine Energie inne, die richtig verwendet zu einer positiven Treibkraft werden kann. Meistens jedoch führt sie in eine Sackgasse – wie in der Geschichte von den zwei Bauern. Der eine besaß zwei Kühe, der andere hatte zwölf. Der Bauer mit den zwei Kühen hatte die Wahl zwischen zwei Gebeten: „Herr hilf, dass ich mir zehn Kühe anschaffen kann, damit ich genauso viele habe wie mein Nachbar!“ oder: „Herr, nimm zehn von den Kühen meines Nachbarn das Leben, damit er genauso wenige hat wie ich!“

Vor längerer Zeit kannte ich eine schöne, kluge Frau, die in mir starken Neid weckte. Ich erinnere mich, wie ich sie einmal auf einer Party erblickte. Ich war drauf und dran kehrtzumachen, zwang mich jedoch dazu, zu bleiben und die Situation auszuhalten. Es war schließlich nicht das erste Mal, dass sich der Neid in mir festgebissen hatte, und ich wusste genau, das Schlimmste, was ich tun konnte, war, so zu tun, als gäbe es ihn nicht – denn dann kam er auf andere Weise zum Vorschein. Genauso ist es auch mit anderen negativen Gefühlen, die ab und zu auflodern und unser schickes Selbstbild bedrohen. Die sicherste Art, nicht im Sumpf des Neides zu versinken, ist: zuzugeben, dass es ihn gibt, und ihm direkt ins Auge zu schauen.

Neid kann jede Vernunft verdrängen und dazu führen, dass wir uns selbst verlieren. Indem wir zwischen uns und demjenigen vergleichen, von dem wir denken, er habe all das, was uns fehlt, verschwindet das Wertvolle in unserem eigenen Leben. Im Grunde sind es Unsicherheit und Angst, Fragen wie „Stimmt etwas nicht mit mir?“, „Tauge ich etwas?“, „Bin ich gut genug?“, die uns unaufhörlich dazu auffordern zu erkennen, dass uns verschiedene Möglichkeiten offen stehen und wir eine davon wählen können. Nichts ist gegeben. Immer wieder entscheiden wir, welche Seiten wir an uns selbst unterstützen, was wir entwickeln möchten und worauf wir Acht geben wollen, was aufbaut und was zerstört. Auf diese Weise erschaffen wir ununterbrochen unsere eigene Geschichte.

Wie sehr wir von unserem Weg der Berufung auch überzeugt sein mögen, so ist es doch wahrscheinlich, dass unsere Zuversicht gelegentlich ins Wanken gerät. In diesem Falle sollten wir nicht die Fassung verlieren, sondern uns klar machen, dass die Pendelbewegung zwischen Sicherheit und Unsicherheit, Vertrauen und Misstrauen, Stärke und Schwäche, Wille und Widerwille einen natürlichen Teil des Prozesses darstellt. Es gibt eine Menge Dinge, die uns von unserer Hauptspur weglocken und die Sorge bestärken, wir könnten unserer Aufgabe nicht gewachsen sein. So kann uns beispielsweise ein relativ leicht erworbener Fortschritt daran hindern, auf unserem Weg weiterzukommen. Auch überschüssige Information macht es uns schwer, das Wesentliche vom Unwesentlichen zu trennen. Und eine Überstimulation unserer Sinne kann dazu führen, dass wir abstumpfen, das Gefühl für Nuancen verlieren und uns im eigenen eingeschränkten Ich verfangen. Der 288. Psalm gehört zu meinen Lieblingspsalmen. Die ersten zwei Verse handeln genau von diesem Thema:

Gott, von deinem Haus aus, unserer Zuflucht, rufst du
uns in eine Welt, wo große Risiken auf uns lauern.
Eins mit deiner Welt – so möchtest du, dass wir leben.
Gott, schenk uns Kühnheit!

Befreie uns, oh Gott, aus unserer gewohnten Trägheit.
Zertrümmere unsere Schale aus Würde und Scheu.
Erlöse uns vom Jagen, gib uns Kraft zu lieben.
Gott, mach uns frei!

Ein gewisses Maß an Kühnheit und Sehnsucht nach Freiheit tut gut, wenn wir uns auf den Weg der Berufung begeben.

Angst vor der Freiheit

Possibility heißt das englische Wort für Möglichkeit. Es stammt aus dem Lateinischen *posse*, können, das mit dem Wort *power*, also mit *Macht* verwandt ist. Es gibt viel mehr Möglichkeiten, als wir denken. Die Freiheit gibt uns die Macht, zwischen Alternativen zu wählen. Aber möchten wir diese Freiheit wirklich besitzen? Das ist nicht so sicher. Nicht immer ist die Macht, über sich selbst zu bestimmen, wünschenswert. Die Wahlmöglichkeit birgt auch die Verantwortung für die Entscheidungen in sich, die ich getroffen habe – aus Absichten gehen Handlungen hervor, die Konsequenzen haben, für die ich einstehen muss. Dort, wo „ich muss“ und „ich soll“ eingetauscht werden gegen „ich will“ oder „ich möchte“, stehe ich nackt vor mir selbst, als ein Subjekt mit der Chance und der Pflicht, etwas Vernünftiges aus meinem Leben zu machen.

Die Einsicht, Macht über unser Leben zu haben, kann unbequem sein. Manche bewältigen ihre Sorge, indem sie ihre Freiheit verleugnen und sich zum Opfer der Umstände machen, das heißt zu einem Objekt, einem Rohr im Winde, dem unterworfen, was zufällig geschieht. Die Freiheit weckt eine besondere Art von Angst. Dies ist der Preis für die Fähigkeit, verschiedene Alternativen zu erkennen und zwischen ihnen zu entscheiden. Freiheit und Angst sind miteinander verknüpft; unser Körper und unsere Seele fühlen sie. „Die Angst ist der Schwindel der Freiheit", schreibt Kierkegaard. Das ist jedoch nicht so hoffnungslos, wie es klingt, denn es gibt eine positive Angst, die Anlass zur Hoffnung gibt, eine belebende, lebensbejahende Angst, die uns das Dasein in einem neuen Licht vor Augen führt und uns aus unserem Dämmerschlaf weckt. Aus der Pein dieser Angst wird etwas Neues geboren. Die destruktive Angst dagegen lähmt und isoliert. Verdrängt man sie, kann sie sich im Körper festsetzen und uns krank machen. Durch unsere Entscheidungen, durch unser „Nein" ebenso wie durch unser „Ja", erschaffen wir uns selbst und unser Leben. Sich für etwas zu entscheiden bedeutet gleichzeitig, sich gegen etwas anderes zu entscheiden, sich als eine Kraft zu behaupten, mit der man rechnen muss, im eigenen Leben wie auch in der Welt. Und doch sieht die Wirklichkeit nicht immer so aus, wie wir das gerne glauben möchten. Nicht immer schaffen wir es, das Echte vom Unechten zu unterscheiden, oft auch dann nicht, wenn es direkt vor unseren Augen liegt. Spaßeshalber nahm Charlie Chaplin einmal an einem Wettbewerb teil, wo aus einer Anzahl Menschen, die ihm ähnelten, derjenige ausgewählt werden sollte, der ihm am meisten glich. Er selbst kam auf Platz drei!

Freiheit bedeutet unter anderem, nicht an seinen vorgefertigten Meinungen zu kleben und zu wissen, dass das meiste von dem, was wir für wahr halten, relativ ist, und zu begreifen, dass es durchaus möglich ist, zwei Auffassungen zu teilen, ohne sich zu früh von einer davon trennen zu müssen oder der Verlockung nachzugeben, die Wirklichkeit in gut und böse, richtig und falsch einzuteilen, um die quälenden Paradoxien des Lebens nicht aushalten zu müssen. Was heute Wahrheit ist, gilt morgen als Vorurteil, das Dogma des Tages kann der Scherz von morgen sein. Theorien sind gute Diener und schlechte Herren. Sie sind Worte, die befreien, wenn man es schafft, nach ihnen zu leben, aber das ist wahrhaftig nicht leicht. In der Geschichte wimmelt es von Beispielen menschlicher Selbstüberschätzung. Es gibt keine Veränderung ohne Wahl. Unsere Wahl dient mehreren Zielen: Sie ist dazu da, die äußere Wirklichkeit zu verändern, uns einander anzunähern, die Welt mit neuen Gedanken zu versorgen und nicht zuletzt uns als Menschen zu entwickeln. Unser Innenleben zu vertiefen, unseren Platz in der Welt zu finden, unseren Nächsten zu lieben und uns dem Göttlichen zu öffnen – all das gehört zu unseren Möglichkeiten als freie Menschen. Es wäre würdelos, zwänge man uns dieses von außen auf. Tag für Tag sollten wir uns über unsere persönliche Freiheit freuen und sie bejahen.

Die alten Griechen unterschieden zwischen drei Arten von Freiheit: *eleutheria* (die Freiheit, über seine eigenen Handlungen zu bestimmen), *parrhesia* (die Freiheit, über seine eigenen Worte zu bestimmen) sowie *autarkia* (die Freiheit, über sein inneres Leben zu bestimmen). Die zuletzt genannte ist die innere Freiheit, die einen Teil der Würde des Menschen ausmacht und über die kein anderer verfügen kann, ganz unabhängig davon, in welchen äußeren Umständen man sich auch befinden mag. Rollo May bezeichnet die Freiheit, in konkreten Lebenssituationen zwischen unterschiedlichen Alternativen zu entscheiden, als *existenzielle Freiheit*. Diese komme zum Ausdruck durch das, *was wir tun*. Die *essenzielle Freiheit* – die äußerste Freiheit – sei eine Einstellung zum Leben, die durch das zum Ausdruck kommt, *was wir* als Menschen *sind*. Nur selten sind wir vollkommen frei, die Situation, in der wir uns befinden, zu wählen. Dagegen sind wir frei zu entscheiden, wie wir uns dazu verhalten wollen. Das bedeutet, frei zu entscheiden, was wir der jeweiligen Situation erlauben, mit uns zu tun. Die Redewendung „Es ist nicht wichtig, wie man es hat, sondern wie man es nimmt" spiegelt eine tiefe Wahrheit wider. Für Augustinus stellt die essenzielle Freiheit „die große Freiheit" dar, im Unterschied zur Freiheit, über seine Handlungen zu entscheiden, die er als „die kleinere Freiheit" bezeichnet. Die essenzielle Freiheit ist in Situationen erforderlich, die uns bis an unsere letzte Grenze treiben – Situationen, die uns dazu verleiten, uns selbst zum Objekt zu machen (und auf diese Weise unsere Freiheit zu leugnen), damit wir um eine Prüfung herumkommen, die wir meinen nicht bestehen zu können oder der wir uns ganz einfach nicht stellen möchten. Viktor Frankl gehört zu denjenigen, die darüber schreiben, wie sich Menschen unter extremen Bedingungen der Freiheit gegenüber verhalten, wenn der Grad ihrer äußeren Freiheit, wie beispielsweise in einem Konzentrationslager, gegen Null tendiert. Selbst in einer solchen Lage, meint Frankl, wählen Menschen doch immer ihren Standpunkt. „Die drei Dinge, nach denen wir auf dieser Welt am meisten streben – Glück, Freiheit und inneren Frieden – bekommen wir am einfachsten, indem wir sie einem anderen schenken", schreibt Aristoteles. Die beste Garantie dafür, selbst Freiheit zu erlangen, liegt darin, zuzusehen, dass andere sie bekommen. Wenn wir andere ihrer Freiheit berauben, schränken wir gleichzeitig unsere eigene Freiheit ein. Das Gefühl für Freiheit ist tief in der Sensibilität für die Bedürfnisse und Entwicklungswege anderer verankert, in dem Wissen, dass andere dasselbe Bedürfnis nach Freiheit und dasselbe Recht darauf haben wie wir selbst. Die Freiheit greift um sich wie die Kreise auf dem Wasser. Wir kommen der Freiheit nahe, indem wir Verhältnisse schaffen, in denen andere, wenn sie es wünschen, frei werden können. Und doch ist es mit der Freiheit so, wie schon das englische Sprichwort sagt: „Man kann ein Pferd zur Tränke führen, doch kann man es nicht zwingen zu trinken.“ Keiner kann einem anderen eine Freiheit aufdrängen, die er oder sie nicht haben möchte. Die Freiheit zu wählen, ist eine Entscheidung, auf die wir unaufhörlich zu verzichten versucht sind. Wir erlangen keine Freiheit, indem wir davon reden: Freiheit schaffen wir, wenn wir uns als freie Menschen verhalten und unsere Handlungen davon zeugen lassen. „Don’t ask what is the way to peace, peace *is* the way!“ – „Frag nicht, welcher der Weg zum Frieden ist, der Frieden ist der Weg!“ Die Freiheit bekommt durch unsere Handlungen Substanz, und dies verwirklichen wir im Alltag, zu Hause in der Küche ebenso wie draußen im Krieg. Freiheit ist, was wir in unserem eigenen Leben daraus machen. Nicht mehr und nicht weniger.

Ich fange an zu begreifen, dass es eine besondere Art von Freiheit gibt: Und zwar liegt sie in der Erkenntnis, dass das Leben endlich ist und der Tod auch mir gilt. Diese Freiheit schöpft einen Teil ihrer Stärke aus der Einsicht, dass alles zu Ende geht und das Einzige, dessen man sich sicher sein kann, das ist, was hier und jetzt geschieht. Aus dieser Perspektive betrachtet spielen jede Handlung und jede Entscheidung eine große Rolle. Das Wissen um den Tod zwingt uns zu einer läuternden Ehrlichkeit und gibt unserem Leben einen realistischen Rahmen. Dies kann den Anfang für eine neue Art zu leben bedeuten. Nicht selten sind die intensivsten Lebenserfahrungen eine Folge der Gedanken um den Tod, eine Erinnerung daran, dass Leben und Tod zusammengehören. Der Tod steigert den Duft und den Geschmack des Lebens.

Mensch zu sein bedeutet frei zu sein. Wir sind auch frei, unfrei zu sein. „Der Mensch ist in dem Maße frei, wie er die Macht besitzt, sich selbst und seinem innersten Wesen zu widersprechen. Der Mensch ist sogar frei gegenüber seiner Freiheit, das heißt, er kann seine Menschlichkeit aufgeben“, schreibt der christliche Existenzialist Paul Tillich. Viele Menschen bekommen keinen Zugang zu ihren kreativsten Impulsen. Diese werden von Angst blockiert, bevor sie überhaupt freigelassen werden konnten. Wohin soll ich gehen? Das ist die Frage, vor die uns der Ruf stellt und die er uns zu beantworten auffordert. Wenn wir wollen, können wir die Richtung ändern.

Angst, sich dem Leben zu öffnen

„Wem können wir vertrauen?" Unter diesem Titel stand im Sommer 2004 eine Artikelserie im *Svenska Dagbladet* über die Wirkungen der Unsicherheit. Wir fühlten uns weniger sicher als früher, stand darin – eine Behauptung, die wissenschaftlich untermauert wurde. Die Zeichen des Misstrauens könne man überall beobachten. Die Angst steige, und das Vertrauen nehme ab, zumindest bei denjenigen, die in der Großstadt leben. Selbst auf dem Lande schließe man heutzutage die Haustür ab. Man lasse die Kinder ungern allein zur Schule gehen, und die alten Menschen vermieden es nach Möglichkeit, nach Einbruch der Dunkelheit auf die Straße zu gehen. Diese Sorgen sind berechtigt: Wir sind in unserer Welt nicht mehr besonders sicher. Wir brauchen nur die Zeitung aufzuschlagen oder den Fernseher einzuschalten, um Gewalt und Betrug direkt in unser Wohnzimmer zu holen. Zwar ist es aller Voraussicht nach vernünftig, Fremden nicht ganz unbedacht zu vertrauen; aber das ist auch gleichzeitig traurig. Wenn mangelndes Vertrauen zu einer Lebenshaltung wird, untergräbt dies unser Menschsein. Die Angst kann so viel Macht über uns ausüben, dass sie zu Argwohn, Wut und Hass führt. Augen, die sich abwenden, und Herzen, die sich verschließen, können zu einer Gewohnheit werden, die uns sehr schadet. „Lass mich in Ruhe und kümmere dich um deine eigenen Sachen!" Diese Haltung greift immer mehr um sich. Es ist modern, „cool" zu sein, und verlockend, dem Zynismus anheim zu fallen. Wenn suchende Blicke und freundliche Worte mit Misstrauen betrachtet werden und die spontane Geste mehr als Bedrohung denn als Einladung zu einem menschlichen Kontakt gesehen wird, wird es langsam gefährlich. Aus Angst, uns unseren Mitmenschen und dem Leben zu öffnen, verlieren wir das Gefühl füreinander, gehen mit eisigen Blicken umher und legen unserem Herzen eiserne Bande an. Welch eine Verschwendung unser selbst!

Das verkümmerte Herz heißt die neue Volkskrankheit, schreibt Bischof Anders Arborelius, z. B. in seinem Buch *Jesusmanifest.* Dieses Leiden kennt fünf Symptome: Das *erste* heißt *Unzufriedenheit.* Die Jagd danach, das zu bekommen, was wir haben wollen – hier, jetzt und sofort (was in der Sprache der Psychologie unmittelbare Gratifikation heißt) –, führt uns ausnahmslos zu Enttäuschung und Unzufriedenheit. Das „Viel" zieht ein „Mehr" nach sich, unser Schlund weitet sich und wird immer größer. Ganz gleich welche Mengen wir uns auch einverleiben mögen, es reicht nie aus. Schon bald sind wir wieder auf der Jagd. Wir müssen den Vorrat auffüllen, das Alte auswechseln und das, was aus der Mode geraten ist, durch das Allerneueste ersetzen. Nichts ist von besonderer Dauer. Stress schleicht sich in unser Leben ein. Wir wollen mehr, wollen mithalten, wollen das Tempo erhöhen. Unser unmäßiger Hunger hetzt uns auf neue Dinge, neue Erlebnisse und macht uns zu seinem Opfer. Dennoch werden wir nicht satt und finden keine Ruhe; noch bevor wir es geschafft haben, das Erlebte zu verdauen, wird unsere Aufmerksamkeit bereits von etwas Neuem in Bann gezogen. Dennoch, ganz gleich wie erfinderisch wir auch in dem Versuch sein mögen, uns selbst mit dem zu versorgen, was wir zu brauchen meinen, wir werden die Leere und den Überdruss, die trotz allem auf uns lauern, nicht los. Während wir uns mit den Symptomen auseinandersetzen, verschlimmert sich die eigentliche

Krankheit. Die Leere kann nicht geheilt werden, bevor wir nicht im Stande sind, unsere Herzen zu öffnen und zu begreifen, dass ein richtiges Leben aus so viel mehr besteht als aus der Befriedigung unserer äußeren Wünsche – dass der Mensch in der Tat zu etwas Größerem geschaffen ist.

Das *zweite* Anzeichen für ein verkümmertes Herz ist das *Misstrauen*. Wenn unser Vertrauen von Grund auf geschädigt ist, wagen wir es nicht, uns auf dem Wissen auszuruhen, dass die anderen unser Wohl möchten. Auf wen und was können wir eigentlich vertrauen? Fast überall vermuten wir verborgene Motive und Eigennutz. Haben wir uns erst darauf eingestellt, uns voreinander zu schützen, so sind wir schlimm dran. Liebe und Barmherzigkeit nehmen dann nur noch ganz wenig Raum ein, was wiederum die *Hoffnungslosigkeit*, das *dritte* Anzeichen des verkümmerten Herzens, fördert. Das Finstere in uns beginnt schwerer zu wiegen als das Helle, unsere Neigung zur Verzagtheit besiegt unsere Zuversicht und Hoffnung. Ganz gleich wie eifrig wir uns auch in Beziehungen stürzen, Projekte entwerfen, Dinge anschaffen und für immer neue Ereignisse sorgen mögen, so fühlen wir uns letztendlich doch nur leer. Und plötzlich kommt der Tag, an dem wir alles ausprobiert haben. Wir können uns zu nichts mehr aufraffen und finden keinen Ansporn mehr. Was tun wir in dieser Situation? An diesem Punkt angekommen, verlieren viele ihren Mut und geben auf. „Menschen, die sich begeistern können, können auch andere mitreißen. Von denen geht Leben aus (...) Und schon ist da Lebendigkeit und Frische", schreibt Anselm Grün in *50 Engel für das Jahr*. Wenn wir unseren Schwung verloren haben, können wir uns um nichts mehr kümmern. Aus Mangel an Nahrung gerät unser Engagement ins Wanken, und unsere Begeisterung schwindet allmählich dahin.

Argwohn, das *vierte* Zeichen für ein verkümmertes Herz, nistet sich immer tiefer in unser Herz ein. Für manche wird er zum Lebensstil. Ihnen fällt es leichter, an das Böse im Menschen zu glauben als an das Gute. Zynismus, Ironie und Skeptizismus greifen um sich, und während das Herz verkümmert, fällt die Liebe in den Winterschlaf. Dennoch drängt sich auch diesen Menschen die Frage auf: Wer bin ich eigentlich? Und wozu existiere ich letzten Endes? Ich glaube, diese Gedanken halten viele von uns des Nachts wach. Bei Tag widerstehen wir unserer Angst: Mir gelingt ja alles, ich bin stark, ich tue, was ich tun möchte, ich habe alles, was ich brauche! Ich habe keinerlei Probleme! Doch wie wahr ist das, wenn wir in uns hineinhorchen?

Der *Missmut* nimmt zu, und das ist das *fünfte* Zeichen des verkümmerten Herzens. Das Leben erklingt immer mehr in Molltönen, und das meiste wirkt grau und trist. Wir empfinden immer mehr Dinge als unbedeutend, Resignation und Selbstmitleid übernehmen die Führung. In unserer Gleichgültigkeit gründen wir weder in uns selbst noch im Dasein; wir bewegen uns zwischen den Trümmern der Kartenhäuser, die wir immer wieder errichten, die jedoch bereits nach kurzer Zeit wieder in sich zusammenstürzen. Ist *das* hier das Leben? Wenn sich solche Gedanken erst eingenistet haben, liegt es auf der Hand, dass wir aufgeben und uns um nichts mehr kümmern. Nach einigen verzweifelten Versuchen, uns selbst zu verwirklichen oder verschiedene Arten des Zeitvertreibs auszuprobieren, sitzen wir immer noch da und fragen uns, was nun geschieht. Es ist ein trauriges Bild, das Arborelius in seinem Buch zeichnet, besonders, wenn es um die Jüngeren unter uns geht. Das Bild ist aber nicht nur trist. Darin lässt sich nämlich noch etwas anderes erahnen, etwas, das die Hoffnungsflamme entfachen kann: ein wachsendes Bewusstsein dafür, dass etwas Wesentliches fehlt. Was ist es denn, und was kann ich tun, um es zu erlangen? Wenn man schon am Boden angelangt ist, kann man nicht weiter sinken, dann geht es nur noch aufwärts. Ist es vielleicht das, was vielen Menschen heutzutage allmählich aufgeht und was den ewigen Fragen trotz allem eine neue Lebendigkeit verleiht: Wer bin ich? Was kann ich? Was will ich? Und was möchte ich mit meinem Leben anfangen? „Das eigentliche Ziel des Menschen besteht darin, seine Ressourcen so lange und so harmonisch wie möglich zu entwickeln, damit er zu einer vollständigen und zusammenhängenden Ganzheit wird. Freiheit ist die erste und zwingende Bedingung, damit eine solche Entwicklung vonstatten gehen kann“, schreibt Rollo May in seinem Buch *Freiheit und Schicksal.* Damit beschreibt er die Ecksteine des Rufs. Sagen wir „Ja“ oder „Nein“ zum Leben? Öffnen wir unsere Herzen oder verschließen wir sie? Wagen wir es, uns hinzugeben und, wie ich irgendwo las, „zu arbeiten, als bräuchten wir kein Geld, zu lieben, als wären wir nie verletzt worden, zu tanzen, als würde uns keiner sehen“? Werden wir die Chance ergreifen, uns zu verändern, oder werden wir uns für das sichere und leichte Alles-bleibt-wie-es-ist entscheiden? Wir haben die freie Wahl.

Angst vor der Angst

Seinen Ängsten zu begegnen und sich sogar mit ihnen anzufreunden ist ein Teil eines Reifungsprozesses. Ich glaube, die Angst vor der Angst ist die schlimmste Art von Angst, diejenige, die uns am meisten aushöhlt. So habe ich es in meinem eigenen Leben erfahren. An einem Herbstabend im letzten Jahr hatte ich die Gelegenheit, darüber nachzudenken. Ich befand mich in Schonen, wo wir ein Haus besitzen. Viele Jahre lang hatte ich die Gewohnheit, in regelmäßigen Zeitabständen dorthin zu gehen, um in aller Ruhe allein zu sein. Das schöne Dorf, das im Sommer ein Paradies für Gäste ist, versinkt im Winterhalbjahr in Schweigen und Dunkelheit. Zu dieser Zeit ist es am schönsten, finde ich. Ganz am Anfang hatte ich Angst, dort allein zu sein. Ich fürchtete mich davor, isoliert zu sein, und hatte Angst vor der dichten Dunkelheit, die sich abends ausbreitet, wenn man nichts anderes hört als das Meer und all die Geräusche, die ein altes Haus von sich gibt. Mit den Jahren gewöhnte ich mich daran und lernte, mich furchtlos und sicher in diesem Haus zu entspannen.

Vor einigen Jahren zogen wir in ein anderes Haus um, in ein Dorf, das winters ebenso still und leer ist. Das erste Mal, als ich alleine zu dem neuen Haus gehen wollte, erwachte meine alte Angst zu neuem Leben. Beim Gedanken an die Nacht und die Dunkelheit begann ich mich zu fürchten. Als ich am Haus ankam, war es schon spät. Dennoch erschien mir ein Spaziergang ans Meer zu verlockend. Ich war länger unterwegs, als ich gedacht hatte. Auf dem Heimweg wurde es dunkel, und ich spürte eine anhaltende Nervosität im Magen. Und gerade jetzt tauchten plötzlich zwei Schäferhunde aus der Dämmerung auf, stießen mich um und bissen sich in meinen Kleidern fest. Wegen des Meeresbrausens hatte ich ihr Bellen erst gehört, als sie vor mir standen. Vor Hunden fürchte ich mich zu Tode, diese Angst hatte ich bereits als Kind. Mit einem Mal war mein schlimmster Albtraum Wirklichkeit geworden. Gott sei Dank stürzte der erschrockene Hundebesitzer herbei und sorgte wieder für Ordnung, aber ich glaube nicht, dass ich in meinem Leben jemals so erschrocken bin.

Als ich in mein Haus kam, zitterte ich am ganzen Leibe. Und dennoch konnte ich ein wenig über mich selbst lachen, als ich merkte, dass meine Angst davor, in dem neuen Haus allein zu sein, wie weggeblasen war. Was konnte an der Dunkelheit schon so gefährlich sein? Unerwartet war ich einer viel schlimmeren Herausforderung begegnet und mit heiler Haut davongekommen. Die Angst vor der Angst lähmt uns und lässt uns an unserer Fähigkeit zweifeln, mit dem Leben fertig zu werden. Der Zwischenfall mit den Hunden hatte mich dazu gezwungen, dem zu begegnen, wovor ich wirklich Angst hatte, und einzusehen, dass meine Fantasien darüber, was alles geschehen kann, die Realität oft übertreffen. Mut ist nicht dasselbe wie Abwesenheit von Angst; Mut bedeutet: der Angst nicht die Macht geben, uns davon abzuhalten, das zu tun, was wir tun wollen. Erst wenn wir am Ziel angelangt sind, können wir die Windungen des zurückgelegten Weges erkennen; was in unserem Leben gut und was schlecht ist, zeigt sich erst aus der Distanz. Was uns wachsen lässt, kommt oft aus einer Richtung, die wir nicht erwartet, und in einer völlig anderen Gestalt, als wir uns vorgestellt hatten. Wir sollten alles willkommen heißen, was uns das Leben bietet, und es mit seiner eigenen Stimme erklingen lassen, das Einfache wie das Schwere, das, was wir mit offenen Armen annehmen, ebenso wie das, wovor wir zurückschrecken. Erst wenn wir so weit sind, alles entgegenzunehmen und mit einem Sinn zu versehen, können wir mit uns selbst harmonieren. Rumi schreibt dazu in seinem Gedicht *Das Gasthaus:*

> Dieses Menschsein ist ein Gasthaus.
> Jeden Morgen eine neue Ankunft.
> Eine Freude, eine Krise, eine Gemeinheit,
> ein vorübergehendes Bewusstsein.
> Heiße sie alle willkommen und unterhalte sie!
>
> Selbst wenn es eine Menge Sorgen sind,
> die durch dein Haus heftig dahinfegen
> und es leer zurücklassen,
> behandle dennoch jeden Gast ehrenhaft.

Mag sein, er räumt
für eine neue Freude auf.
Die schwarzen Gedanken, die Scham, die Bosheit,
begegne ihnen lachend an der Tür und lade sie ein.
Sei dankbar, egal, was kommt,
denn alles wurde gesandt
als ein Führer aus dem Jenseits.

Alles, was wir hier im Leben erfahren, kann uns dazu dienen zu wachsen oder zu verkümmern, in unserer Entwicklung stecken zu bleiben oder einen großen Schritt nach vorne zu tun. Wir müssen offen sein und darauf vertrauen, dass selbst aus schweren Situationen Wege herausführen; wir müssen an unsere eigenen Fähigkeiten glauben und nicht zu große Angst vor der Angst haben. Die Angst muss es geben, doch darf sie nicht die Oberhand gewinnen, damit sie uns nicht lähmt, damit sie uns nicht mit ihrem Schrecklichen gefangen nimmt, damit wir nicht aus Angst vor der eigenen Tiefe an der Oberfläche unser selbst bleiben. Denn wie können wir dann die Stimme des Rufs vernehmen?

3 Der spirituelle Weg

Tief in der Erde
gleitet meine Seele
still wie ein Komet.
(Tomas Tranströmer, Der Adlerfelsen)

Die Intelligenz der Seele

Wenn wir uns Zeit nehmen, stehen zu bleiben und darüber nachzudenken, was wichtig ist, gerät unser inneres Leben in Wallung. Haben wir erst die gegebene Ordnung in Frage gestellt, werden Gedanken und Gefühle geweckt und hin und her gewendet. Für einige Zeit herrscht Durcheinander. Nachdem sich die Bedürfnisse offenbart haben und die Angst aus dem Weg geräumt ist, bekommen wir die Chance, einen neuen Blick auf das zu erproben, was möglich ist, und vielleicht sogar ein neues Selbstbild zu entwerfen. Lange Zeit haben die Wissenschaftler erfolgreich gemessen, wie gut wir aufgrund unserer Logik und unseres rationalen Denkvermögens Situationen meistern können. Die kognitive Intelligenz – ausgedrückt in Form des so genannten Intelligenzquotienten oder IQ – stand lange hoch im Kurs. Für geraume Zeit wurde ein hoher IQ als das optimale Maß für eine hohe Intelligenz betrachtet. Heute wissen wir, dass er ein sehr mangelhaftes Maß darstellt. Das Bewusstsein für eine ganz andere Art von Intelligenz – EQ steht für emotionale oder gefühlsmäßige Intelligenz – erfuhr in den achtziger Jahren einen Aufschwung und wurde vor allem durch den Psychologen Daniel Goleman populär. Der EQ berücksichtigt Eigenschaften wie Begeisterungsfähigkeit, Mitgefühl, Geduld, soziale Begabung samt der Fähigkeit zur Selbstmotivation. Der EQ und der IQ wirken zusammen. So kann sich beispielsweise ein niedriger EQ negativ auf die Fähigkeit auswirken, sich eines hohen IQs zu bedienen. Gedanken und Gefühle gehören zusammen. In den letzten Jahren hat die Seele eine Renaissance erlebt. Immer öfter spricht man von einer als SQ bezeichneten Kompetenz – der seelischen Intelligenz. Ohne sie bleibt das Bild eines tüchtigen Menschen unvollständig. Die seelische Intelligenz inspiriert uns, wenn wir vor existenziellen Schwierigkeiten stehen. Sie hilft uns, unsere Handlungen in einen weiteren Rahmen zu stellen, unser Leben aus einer höheren Perspektive zu betrachten und Herausforderungen anzunehmen. „Mit ihrer Hilfe können wir urteilen, inwieweit das, was wir vorhaben, sinnvoll ist oder nicht", schreibt Danah Zohar in ihrem Buch *SQ. Spirituelle Intelligenz*. Die spirituelle Intelligenz sei die eigentliche Intelligenz, denn sowohl die kognitive als auch die emotionale Intelligenz stützten sich auf sie. Sie wird gebraucht, wenn wir Visionen haben und Grenzen überschreiten. Die spirituelle Intelligenz ist eine typisch menschliche Fähigkeit, die zu unserer Grundausrüstung gehört. Es gibt Roboter mit einem hohen IQ und Tiere mit einem hohen EQ, die spirituelle Kompetenz gehört jedoch ausschließlich zum Menschen. Mit ihrer Hilfe lassen sich die verschiedenen Aspekte der Intelligenz integrieren. Auf diese Weise wirkt sie potenziell heilend. „Der SQ macht uns zu den ganz und gar intellektuellen, gefühlsmäßigen und seelischen Wesen, die wir sind", schreiben Zohar und Marshall. Unseren SQ nutzen wir, wenn wir kreativ sind, uns mit existenziellen Fragen beschäftigen, vor dem Unbekannten stehen und mit Leid und Verzweiflung ringen. Er wird an den Grenzen unseres Lebens herausgefordert, an den Punkten, wo unsere

Chance zu reifen am größten ist. Zohar und Marshall meinen, der SQ leite uns auch in unserem Verhältnis zur Religion. Der SQ führt uns zum eigentlichen Kern, zur Einheit in der Vielfalt, zu Chancen jenseits des Ausgesprochenen. Der SQ kann uns in Kontakt bringen zu dem Sinn und der innersten Kraft, die allen großen Religionen zu Grunde liegen. Ein Mensch mit einem hohen SQ kann jedwede Religion praktizieren, und zwar ohne Kurzsichtigkeit, Elitismus, Bigotterie oder Vorurteile. In gleicher Weise kann ein Mensch mit einem hohen SQ viele gute spirituelle Eigenschaften besitzen, ohne im Geringsten religiös zu sein. Die drei Typen von Intelligenz funktionieren optimal im schöpferischen Zusammenspiel miteinander. Das menschliche Gehirn hat sich so herausgebildet, dass es dieses Zusammenspiel erleichtert. Und doch funktionieren die drei Formen von Intelligenz unterschiedlich und haben jeweils ihren eigenen Sitz im Gehirn. So kann beispielsweise ein hoher EQ Hand in Hand mit einem niedrigen IQ und einem mittelmäßigen SQ gehen. Jemand mit einem hohen IQ kann einen niedrigen EQ und so gut wie gar keinen SQ haben usw. Jeder Mensch hat sein eigenes Intelligenzprofil. Die Vorstellung, das Gehirn besitze eine Intelligenz, die eng mit einem Sinn verbunden sei, läuft einem wissenschaftlichen Blick, der sich dem Gehirn gegenüber verhält, als sei dieses ein Computer, radikal zuwider. Heute wird in der Neurologie, Psychologie und Anthropologie viel über den SQ geforscht sowie über die Rolle, die ein Sinn in unserem Leben spielt, unter anderem auch über den Bereich des Gehirns, wo die Fähigkeit, die „äußersten Fragen" zu stellen, ihren Sitz hat und die manchmal auch als Gottespunkt *(God spot)* bezeichnet wird. Der SQ „beleuchtet unseren Weg durch das, was die Mystiker ‚die Augen des Herzens' nannten", schreiben Zohar und Marshall; das war für die Mystiker des Mittelalters eine Metapher für die Intuition. Wir werden nicht nur von rationaler Vernunft, Gefühl und Körper gesteuert, sondern auch von dem Streben nach Sinn, nach Visionen und Werten sowie nach der Teilnahme an dem Zusammenhang, der größer ist als das, was wir begreifen können. Die spirituelle Intelligenz stellt eine hohe Form von Spontaneität dar, die Wahrnehmung eines Einklangs mit unserem innersten Ich und der Welt. Der vietnamesische Buddhist Thich Nhat Hanh erzählt, wie er an einem Herbsttag einen Spaziergang machte. Unter seinen Füßen raschelten die augenscheinlich toten Blätter. Da kam er zu der Erkenntnis, dass Tod und Leben relativ sind und alles zusammengehört. Diese Begebenheit beschreibt er folgendermaßen: „An dem Tag, an dem ich kurz davor stand, auf ein trockenes Blatt zu treten, sah ich plötzlich das Blatt aus einer Ganzheitsperspektive. Ich sah, dass es eigentlich nicht tot, sondern im Begriff war, sich der feuchten Erde einzuverleiben, um im nächsten Jahr in einer anderen Form am Baum wieder aufzuerstehen. Ich lächelte das Blatt an und sagte: ‚Du tust nur so, als ob!' Alle Dinge, dieses Blatt eingeschlossen, tun nur so, als würden sie geboren und müssten sterben." Unsere wahre Wirklichkeit ist unsere Identität und unsere Einheit mit allem Leben, behauptet in diesem Kontext der Philosoph Schopenhauer. Ein hoher SQ bedeutet ein erhöhtes Bewusstsein von dieser Wahrheit. Indem wir uns unseres SQs bedienen, versetzen wir das Leben in einen höheren Zusammenhang. Das Dasein wird reicher und bekommt eine persönlichere Färbung.

Demnach gibt es drei Arten, Wissen zu erlangen:

1) mit Hilfe des IQs (mit der Grundhaltung: „*Ich werde darüber nachdenken.*"), der aus Kognition und Rationalität besteht. Diese Intelligenz ist logisch, linear und leidenschaftslos: Zwei plus zwei macht vier, und allein das zählt.
2) mit Hilfe des EQs (mit der Grundhaltung: „*Ich werde dem nachspüren.*"), durch den nicht nur das Gehirn, sondern auch der Körper und die Gefühle als wichtige Eigenschaf-

ten eines intelligenten Menschen betrachtet werden. Die Fähigkeit, assoziativ zu denken, sich der Sprache seiner Gefühle und seines Körpers zu bedienen, muss mit einberechnet werden, wenn man die Intelligenz eines bestimmten Menschen beurteilen möchte.

3) mit Hilfe des SQs (mit der Grundhaltung: *„Ich werde darüber beten."* – in dem Sinne: „Ich werde mich dem Unfassbaren öffnen."), der uns dazu befähigt, Zusammenhang und Sinn eine zentrale Rolle in der menschlichen Intelligenz zuzuweisen.

Zohar und Marshall zufolge wird ein hoher SQ durch einen hohen Grad an Selbstbewusstsein gekennzeichnet sowie durch die Fähigkeit, seine tiefsten Motive zu verstehen. Das Denken ist flexibel, der Mensch ist fähig, Schmerz auszuhalten, sich über ihn zu erheben und sich des Leides auf konstruktive Weise zu bedienen. Zentral sind auch die Fähigkeit, sich von Visionen inspirieren zu lassen und feste Werte zu haben, sowie die Abneigung dagegen, unnötigen Schaden anzurichten. Primär ist das Bewusstsein dafür, dass verschiedene Ereignisse und Dinge in einem Zusammenhang miteinander stehen, sowie der Wille, die Frage „Warum?" zu stellen und in dem, was geschieht, nach einem Sinn zu suchen. Unter Menschen mit einem hohen SQ gibt es eine hohe *Feldunabhängigkeit,* wie Psychologen das bezeichnen, und dies bedeutet eine relative Ungebundenheit im Hinblick auf Konventionen. In dem Buch *Wisdom of the Sadhu (Die Weisheit des Sadhu)* von Sundar Singh findet sich ein Abschnitt mit der Überschrift „Leben sezieren": „Ein Wissenschaftler hielt einen Vogel in seinen Händen. Er wollte herausfinden, in welchem Teil des Körpers sich das Leben des Vogels befand und wie das Leben selbst beschaffen war. Also begann er, den Vogel zu sezieren. Das Ergebnis war, dass eben dieses Leben, nach welchem er suchte, auf mysteriöse Weise verloren ging. Wer danach trachtet, das innere Leben rein intellektuell zu verstehen, wird einen ähnlichen Misserfolg ernten. Das Leben, das er sucht, wird verloren gehen." Die beste Art und Weise, die Intelligenz der Seele zu entwickeln, besteht darin, immer wieder über den Sinn des Lebens sowie die Fähigkeiten des Menschen zu reflektieren, nachzudenken über Gut und Böse, Freiheit und Verantwortung sowie über die Voraussetzungen und Möglichkeiten, die unser Dasein auszeichnen. Man kann seinen SQ steigern, indem man beispielsweise regelmäßig nach Zusammenhängen Ausschau hält, die zur spirituellen Suche ermuntern und Zeit und Raum für Stille und Reflexion schaffen. Auch ein erhöhtes Bewusstsein unserer eigenen Reaktionsmuster und ein Verständnis für sie sowie die Bereitschaft, sich in dem unsicheren Grenzland zwischen dem Möglichen und dem Unmöglichen zu bewegen, sind wichtig – ebenso wie der Mut, seine Grenzen zu untersuchen und sich fragend vor das zu stellen, was man bis dahin für wahr gehalten hat. Seinen SQ zu entwickeln bedeutet, die Vielfalt des Lebens zu bejahen und das zu suchen, was sich hinter dem Offensichtlichen befindet. Hier muss man dem Ruf Zeit lassen.

Die mystische Erfahrung

Das Streben nach Ganzheit – uns selbst wie auch die Schöpfung betreffend – liegt in unserer Natur. Ich glaube, wir haben ein eingebautes Bedürfnis danach, unser Leben als in eineN größeren Zusammenhang eingebettet zu verstehen und gegenüber der Wirklichkeit jenseits des Offensichtlichen Ehrfurcht, Schaudern und Staunen zu empfinden: dem großen Geheimnis gegenüber, das unser Fassungsvermögen überschreitet und das wir in dem Versuch, das Unbegreifliche zu begreifen, Gott nennen. Es gibt unterschiedliche Namen für das, was unendlich viel größer und anders ist als all das, was wir uns vorstellen können –

eine höhere Macht, der Allmächtige, das ewige Licht, das Weltall, der Grund des Daseins, Mysterium, Kosmos, Lebensquelle. All unsere Etiketten schränken das Unfassbare ein. Gottes Wesen lässt sich nicht von uns einfangen. Wir können nicht begreifen, wir können nur darüber nachdenken, staunen und hoffen. Pierre Teilhard de Chardin beschreibt zwei Lebenshaltungen. Die eine ist *pluralistisch* (wir begreifen die Vielfalt der Welt, ohne sie auf eine höhere Ganzheit zu beziehen), die andere ist *monistisch* (wir begreifen die Ganzheit, die all ihre Teile umfasst). Seiner Meinung nach ist der Mensch mit einem *kosmischen Sinn* ausgestattet, mit einer spezifischen Begabung, die eine natürliche, intuitive Wahrnehmung der verborgenen Ganzheit mit sich bringt, die sich hinter der Vielfalt des Lebens verbirgt, und einem Glauben an eine Ganzheit, deren Ursprung unfassbar ist. Jedes einzelne Werden trägt zum Werden des gesamten Kosmos bei, jeder Schritt, den wir tun – oder nicht tun –, ist ein wichtiger (wenn auch ein verschwindend geringer) Beitrag zu der kosmischen Entwicklung. Die Menschen sind gemeinsam unterwegs zu einem höheren spirituellen Bewusstsein. Im Weltbild Teilhard de Chardins befindet sich die Spiritualität zweifellos auf dem Vormarsch. „Es gibt nur eine Freude, die ihren Namen wert ist, und das ist die Freude – wenn auch nur im Kleinen –, dabei mitzuwirken, die endgültige Gestalt der Welt zu formen", schreibt er. Das Dasein hat mehrere Dimensionen. Wir bestehen aus Körper, Seele und Geist – verschiedene Aspekte des menschlichen Lebens, die auf verschiedene Weise gewertet werden müssen. Einen dieser Aspekte der Ganzheit zu vernachlässigen bedeutet, uns selbst zu spalten und zu beschränken. Ein einheitlicher Mensch muss sich in den unterschiedlichen Dimensionen frei bewegen können, ohne sich auf eine von ihnen festzulegen oder die Existenz einer anderen zu leugnen. Wenn die Spiritualität ins Hintertreffen gerät, entsteht in und zwischen uns ein Leerraum. Geist wird auch als *Odem* bezeichnet, ein Wort, das mit *Atem* und *Atmung* verwandt ist. Auf Englisch heißt das *spirit*, von dem lateinischen Wort *spirare* – atmen –, das auch die Wurzel von Wörtern wie Aspiration und Inspiration bildet. Inspiriert zu sein bedeutet vom Geist erfüllt zu sein. Der Geist ist also das nichtmaterielle, Leben spendende Prinzip, das dem Leben Glut und Intensität verleiht. „Der Geist ist der Atem des Lebens", schreibt Rollo May. Spiritualität hat viele Quellen und verschiedene Formen. Zuäußerst geht es bei der Spiritualität um die Wahrnehmung einer Dimension der Ewigkeit, darum, das Leben jedes einzelnen Menschen in den Zusammenhang einer größeren Geschichte zu stellen. Albert Einstein hat einmal gesagt, die Quelle jeder wahren Kunst und Wissenschaft, des Schönsten, was ein Mensch erleben könne, liege in einem Gefühl für Mystik: „Derjenige, dem dieses Gefühl fremd ist, der nicht mehr stehen bleiben, nicht mehr staunen und hingerissen werden kann, ist praktisch gesehen tot: Seine Augen sind geschlossen." Das Geheimnis der Mystiker liegt darin, die Welt zu begreifen, indem sie sie verlassen, die Augen vor dem Text zu schließen, um den Subtext wahrzunehmen. „Stille Musik" und „liebevolles Wissen" gehören zu den Ausdrücken, die manchmal als Synonyme für Mystik gebraucht werden. In der westlichen Welt leben wir in einer säkularisierten und vor allem entmystifizierten Welt, die einen bestimmten Blick für das hat, was als anerkanntes Wissen gilt und welche Methoden wir anwenden müssen, um dieses Wissen zu vervollkommnen. Wenn wir an der Überzeugung festhalten, alles lasse sich wissenschaftlich erklären und das so genannte evidenzbasierte Wissen stelle den einzig gültigen Weg dar, reduzieren wir uns selbst. Wenn die Spiritualität verwaist und Gott an den Rand gedrängt wird, verlieren wir unsere Fähigkeit zu staunen. Das Leben wird seiner Tiefendimension beraubt und büßt etwas von seinem Glanz ein. Heutzutage befinden sich viele Menschen in einem Vakuum und haben in ihrem Leben weder Richtung noch Ruhe. „Die heutige Gesellschaft ist krank. Wir mailen und faxen in die ganze Welt, wir verfügen über Internet und Mobiltelefone, doch wir treffen kaum unsere Familienmitglieder und unsere Nachbarn. Wir haben einen Leerraum in uns, den wir auszufüllen versuchen, indem wir essen, lesen, reden, rauchen, Sex haben, fernsehen, trinken, ins Kino gehen, ja sogar indem wir arbeiten", sagt Thich Nhat Hanh. Alles geht schnell, doch die Stärke einer Stromschnelle gibt keinen Aufschluss über die Reinheit des Wassers, habe ich irgendwo gelesen. Wir sind äußerst erfinderisch, wenn es darum geht, bestimmte Bedürfnisse auf eine neue Art und Weise zu befriedigen; wir entblößen schamlos unseren Körper, verriegeln jedoch unsere Seelen. Die Verschwendung der Ressourcen von Mensch und Erde kennt keine Grenzen. Wie oft habe ich mein Auto benutzt, wenn ich ebenso gut den Bus hätte nehmen können, wie oft habe ich das Licht unnötig brennen lassen, wie oft habe ich das Wasser laufen lassen, während ich die Zähne geputzt habe, wie oft habe ich gewartet, dass das Wasser aus dem Wasserhahn eiskalt wird, bevor ich mein Glas gefüllt habe, und wie oft habe ich mir ein Bad eingelassen, wenn ich mich genauso gut mit Duschen hätte begnügen können? Das sind viele kleine Dinge, die einzeln betrachtet keine Bedeutung haben; zusammengenommen schaffen sie jedoch einen Nährboden für Nachlässigkeit und Zynismus. Mitten im Überfluss, den Kopf tief im Sand vergraben, gehen wir allmählich in spirituellen Konkurs. Früher oder später wird uns dann die Rechnung präsentiert. Obwohl wir zu Experten im Genießen geworden sind, glänzt aufrichtige Freude durch Abwesenheit. „Wir sind viel zu sehr damit beschäftigt, wach zu werden", sagt G. K. Chesterton. Immer mehr und immer jüngere Menschen, denen die Unterstützung versagt wurde, die sie zur Entwicklung einer stabilen Identität und zum Aufbau einer tragfähigen Wertegrundlage gebraucht hätten, erleben ein Gefühl von Fremdheit und Verwirrung.

Wer unsicher in sich selbst ist, kann kaum ein Gespür für seine eigentlichen Bedürfnisse haben. Wenn der Boden unter unseren Füßen ins Schwanken gerät, versuchen wir in allem Möglichen Halt zu finden, um unser Gleichgewicht zu behalten. Wie viel wir von dem Guten, das das Leben bietet, auch an uns reißen mögen, es reicht doch nicht aus, um unseren existenziellen Hunger zu stillen oder die innere Stimme zum Schweigen zu bringen, die uns ins Ohr flüstert, dass das Leben so viel mehr sein könnte. Da ist es nicht verwunderlich, wenn viele Menschen darüber klagen, ausgebrannt zu sein, und die äußerste Grenze immer näher rückt. Wenn wir unsere Seele auf Sparration setzen, werden wir bald ausgehungert sein. Solange wir seelische Not leiden, können wir keine innere Ruhe und kein wahres Glück finden. Ohne eine gesunde und lebendige Seele kann ein Mensch niemals ganz werden. Mit Hilfe der Wissenschaft und der Technologie haben wir ausgezeichnete Voraussetzungen für ein langes, gesundes Leben geschaffen. Dennoch, selbst das längste Leben geht zu Ende, der Tod existiert und muss in das Bild des Ganzen mit einbezogen werden. Wir kommen nicht an der Frage vorbei: Wozu lebe ich, und wie möchte ich dieses Leben führen?

Die Gesellschaft, die wir aufgebaut haben, hat für die spirituelle Suche nicht viel übrig. Das Göttliche wurde an den Rand gedrängt. Wer seine Sehnsucht nach einem Leben, in der auch Gott seinen Platz hat, offen bekennt, wird oft mit Verwunderung und mit besser oder schlechter kaschierter Skepsis betrachtet. Schließlich ist es wohl ein wenig verdächtig, sich mit so etwas zu beschäftigen! Im Brennpunkt steht die Länge des Lebens, während Ziel und Sinn des Lebens am Rande des Bewusstseins gelandet sind. Eingekapselt in den Wohlstand der westlichen Welt fristen wir ein minderwertiges Dasein.

Wir machten mit und zeigten unsere Häuser.
Der Besucher dachte: Ihr wohnt schön.
Der Slum aber ist in euch.

Die Zeilen stammen aus Tomas Tranströmers Gedicht *Die auseinandergetriebene Versammlung*, das er bereits im Jahre 1973 schrieb. Wenn wir unser Glück im Materiellen und Prestigeträchtigen suchen, ziehen wir meistens eine Niete. Aus der Seele hallt es hohl zurück. Einige von uns sind erfolgreich und werden berühmt; wenn dies jedoch um den Preis geschieht, dass das tiefere Ziel im Leben in Vergessenheit gerät, so ist es der Mühe nicht wert. Diese Lebenshaltung ändert sich allmählich. Überall macht sich das schlummernde Bedürfnis nach Spiritualität hörbar. Immer mehr Menschen treten hervor und erkennen ihre Sehnsucht nach etwas anderem. Menschen, die sich noch vor einigen Jahren lieber zweimal umgeschaut hätten, bevor sie ihren Glauben an Gott offen zugegeben hätten, beginnen aus ihrem Winkel herauszukommen. Die Journalistin und Autorin Anna Bornstein erzählte in einem Vortrag, wie sie und ihre Kollegen vor einigen Jahren den Dalai Lama nach Schweden einluden, wo er Jugendliche treffen sollte. Die Vorbereitungen geschahen nicht ganz ohne Besorgnis: Sollte es wirklich genug junge Menschen geben, die sich für so etwas interessierten? Keiner hätte gedacht, dass der „Globen" voll besetzt sein würde mit Jugendlichen, die nach einer Botschaft mit Inhalt und Substanz dürsteten. Tausende junger Menschen suchen jeden Tag massenweise Internetseiten auf, die von Spiritualität handeln. Der französische Religionssoziologe Yves Lambert behauptet in einem Artikel der Zeitung *Nya Dagen*, die europäische Jugend sei gläubiger als ihre Eltern, besonders wenn es sich um eine Religiosität handle, die sich auf unkonventionelle Weise ausdrückt und nicht mit den einfachen traditionellen Maßstäben (wie beispielsweise an der Häufigkeit des

Kirchgangs) gemessen werden kann. Eine ganze Menge wissenschaftlicher Studien haben erwiesen, dass zwanzig bis fünfzig Prozent der Jugendlichen von mystischen und religiösen Erlebnissen unterschiedlicher Art erzählen, schreibt Siv Lindström in seiner Lizenziatsarbeit. Auch diejenigen, die, sobald die Rede auf Gott kommt, auf Abstand gehen, weisen Spuren von Neugierde für das auf, was William James die „unsichtbare Ordnung der Dinge hinter dem Schleier, den die Materie darstellt", nennt. Paulo Coelho spricht von einer „seelischen Globalisierung". Wir haben beharrliche Versuche unternommen, Gott loszuwerden, doch es war vergeblich. Der Glaube ist zäh, wir vermissen ihn, und die Sehnsucht ist sehr haltbar. „Der Himmel steht leer. Der Determinismus hat Gott aus unserem Weltbild verjagt. Doch in eben seiner Abwesenheit ist der Abwesende anwesend, genauso wie vor mehr als vierzig Jahren Leonardos Mona Lisa seit dem Tag, als es sich herausstellte, dass sie aus dem Louvre gestohlen worden war, anwesender war als je zuvor. Menschen, die noch nie eine Gemäldeausstellung besucht hatten, standen Schlange, um die leere Stelle an der Wand zu sehen. Unermüdlich grübeln wir über die Rätsel, die der verschwundene Gott hinterlassen hat, und sind außer Stande, die Möglichkeit aufzugeben, dass es tief drinnen, in der innersten Kammer des Daseins etwas gibt, das für unsere forschenden Gedanken unerreichbar bleibt", schreibt der Philosoph Hans Ruin. Was ist es denn, was wir vermissen und wonach wir uns sehnen, etwas, das uns mit seiner Abwesenheit bis zum Rand erfüllt?

Kann es sein, dass hier ein tiefes, verdrängtes menschliches Bedürfnis an die Oberfläche drängt? Geht es uns gerade allmählich auf, dass wir das verloren haben, was uns lebendig macht? Beginnen wir zu begreifen, dass wir nicht genug wir selbst sind, dass das Leben endlich und das Glück zerbrechlich ist, dass wir uns gegenseitig etwas angehen und im Wesentlichen miteinander und der Natur zusammengehören und ein gemeinsames Heim teilen? Das griechische Wort *oikos* – das die Wurzel des Wortes Ökologie bildet – bedeutet einfach Heim. In der Kunstrichtung, die Pointillismus heißt, besteht jedes Bild aus Tausenden kleiner Tüpfel. Erst wenn man sie aus der Entfernung betrachtet, entstehen schöne Landschaften. Ebenso sind auch wir Punkte, die gemeinsam Muster bilden.

In einem Artikel der *Illustrerad Vetenskap* (1/2003) berichtet die aktuelle Forschungsrichtung, die die Theorie von einem globalen Bewusstsein zu stützen versucht, über ihre Arbeit. Demnach scheinen die Menschen über bislang unbewiesene Kommunikationskanäle, die wir noch nicht verstehen, mental miteinander verbunden zu sein. Die Forschung über die Macht der Gedanken begann an der Universität Princeton in den USA bereits in den siebziger Jahren des letzten Jahrhunderts. Professor G. Jahn leitet ein Team, das eine ansehnliche Anzahl von Versuchen und Messungen durchgeführt hat, die zu dem Glauben Anlass geben, Menschen könnten mit Hilfe von gefühlsgeladenen Gedanken Maschinen beeinflussen. Ist es da denkbar, dass die Gefühle vieler Menschen gemeinsam ein messbares globales Bewusstseinsfeld erzeugen? An die fünfzig Messinstrumente wurden in verschiedenen Teilen der Welt, einschließlich Skandinavien, platziert. Diese relativ einfachen Apparate – sie werden „Ei“ genannt, da die erste Variante dieses Geräts eiförmig war – hatten direkte Verbindung zu Princeton via Internet. Die „Eier“ produzieren zufällige Reihen der Ziffern Null und Eins. Unter normalen Bedingungen werden Nullen und Einser nach dem statistischen Wahrscheinlichkeitsprinzip verteilt. Wird das „Ei“ von einer äußeren Kraft beeinflusst, kann man Schwingungen in der Ziffernfolge konstatieren, die vom normalen Muster abweichen. Was ist der Grund dafür? Die Angriffe auf das World Trade Center vom 11. September 2001 gaben eine einzigartige Chance, dieses Phänomen zu erkunden. In dieser Zeit begannen die „Eier“ große Datenmengen nach Princeton zu senden. Später zeigte sich, dass gerade zum Zeitpunkt der Katastrophe sämtliche Geräte von etwas beeinflusst worden waren. Am 11. September und den darauffolgenden Tagen, als sich die Nachricht von dem Terrorakt und seinen Ausmaßen auf der ganzen Welt verbreitete, schlugen sie viel stärker aus. Es war nicht das erste Mal, dass im Zusammenhang mit erschütternden Weltereignissen, insbesondere wenn es um Leben und Tod ging, ein abweichender Ausschlag festgestellt wurde. Auch bei anderen Ereignissen, wenn starke Gefühle im Umlauf sind (bei Neujahrsfeiern zum Beispiel oder in Verbindung mit großen Sportereignissen), können die „Eier“ ausschlagen. Eine Arbeitshypothese stellt der Gedanke dar, die Gefühle könnten die Elektronik beeinflussen. Die Vorstellung von einem gemeinsamen Bewusstseinsfeld ist nicht neu: Mehr dokumentierte Beispiele gebe es aus der Natur, berichtet der oben erwähnte Artikel. In den dreißiger Jahren des letzten Jahrhunderts hatten die Sperlinge in England gelernt, Löcher in die Deckel der Milchflaschen zu picken, um an die Milch zu kommen. (Damals wurden die Milchflaschen täglich an die Haushalte verteilt und für gewöhnlich auf der Straße abgestellt.) Dieses Verhalten breitete sich bei Vögeln in anderen Teilen Europas viel schneller aus, als es möglich gewesen wäre, wenn diese voneinander gelernt hätten. Kann diese Fähigkeit durch ein gemeinsames „Tierbewusstsein“ bekannt geworden sein? Und gibt es bei Menschen etwas Ähnliches? Bereits in den vierziger Jahren des letzten Jahrhunderts postulierte der Atomforscher Niels Bohr einen verborgenen Zusammenhang zwischen dem Mentalen und dem Physischen: Er wies nach, wie sehr dasselbe wissenschaftliche Experiment zu unterschiedlichen Ergebnissen führen kann, was wahrscheinlich daran lag, dass die Forscher unbewusst die Ergebnisse beeinflussen konnten. Um es mit Hamlets berühmten Worten zu sagen: „Es gibt mehr

Ding' im Himmel und auf Erden / Als Eure Schulweisheit sich träumt, Horatio."

Alles was lebt, gehört zusammen. Eingebettet in die *anima mundi*, den Weltgeist, sind wir zur Gemeinschaft geschaffen. Die einzelnen Leben gleichen Wellen auf dem Ozean. Wir sind Wind und Wetter ausgesetzt und werden von den Bewegungen, die sich unserer Kontrolle entziehen, hin- und hergeschleudert. Manchmal schaukeln wir ruhig dahin, manchmal geraten wir in Turbulenzen. Zu gegebener Zeit lösen sich alle Wellen auf und werden zum Ozean selbst, zu dem tiefen Wasser, dessen Teil wir sind und das unser eigentliches Dasein ausmacht. Das echte Wissen können wir nicht mit einem Kescher vom Strand aus einfangen. Die Antwort auf das alte Rätsel „Wie kann man einen Wassertropfen daran hindern auszutrocknen?" lautet: „Sieh zu, dass er sich mit dem Meer vereint."

Wie Fäden in einem endlosen Gobelin sind unsere Leben miteinander verwoben. „Wir sind ein Teil des Ganzen, das wir Universum nennen, und es ist eine optische Täuschung unseres Verstandes, dass wir meinen, wir wären voneinander getrennt. Diese Trennung ist für uns wie ein Gefängnis. Unsere Aufgabe liegt darin, unseren Kreis des Mitempfindens zu erweitern, damit wir uns mit allen Menschen und allen Situationen verbunden fühlen", sagt Einstein. Schon zu Beginn des 17. Jahrhunderts schreibt der englische Dompropst und Dichter John Donne die berühmten Worte:

> Kein Mensch ist eine Insel,
> vollständig in sich selbst;
> ein jeder Mensch ist ein Stück Festland,
> ein Teil des Ganzen (…)
> Jedes Menschen Tod schmälert mich,
> denn ich bin verwickelt in die Menschheit;
> und drum verlange nie zu wissen,

wem die Stunde schlägt;
denn sie schlägt dir.

Spiritualität hat mit unserer Beziehung zu Gott zu tun, aber auch damit, was wir für Menschen sind. Was bedeutet es, Mensch zu sein? Wie und wozu ist das Leben entstanden? Warum bin ich hier, und hat *mein* Leben einen Sinn? Auf welche Weise gehöre ich mit anderen Menschen zusammen? Was brauche ich in meinen Leben unbedingt, und was kann ich entbehren? Was gehört ins Zentrum und was an die Peripherie meines Lebens? Wie viel können wir verstehen, und wann müssen wir loslassen und uns vertrauensvoll darauf verlassen, dass das, was jenseits unseres Fassungsvermögens geschieht, einen Sinn hat? Sowohl in unserer Zeit als auch in allen Zeiten, die bereits waren und wahrscheinlich kommen werden, ringen wir mit den klassischen Fragen über das Dasein. Das Buch des Geistlichen und Doktors der Theologie Edward Harris *Friends of God (Die Freunde Gotttes)* handelt unter anderem von unterschiedlichen Formen spirituellen Erlebens. Spiritualität kann in dem Gefühl bestehen, ein freies und schöpferisches Individuum zu sein, in dem Erleben einer transzendenten Wirklichkeit sowie in der Erfahrung, in einer allumfassenden, bedingungslosen Liebe aufzugehen. Seinen spirituellen Bedürfnissen Folge zu leisten, verleihe dem Menschen Stärke und inspiriere ihn dazu, seinem wahren Ich näher zu kommen, meint Harris. Spiritualität ist etwas in höchstem Maße Konkretes. Sie gewinnt Gestalt in dem banalen Alltag, in dem die meisten von uns leben und den wir, wenn wir es wünschen, beseelen können. Werte, Prioritäten, Ziele, Interessen – alles hat, wenn wir es wollen, eine spirituelle Dimension. Diese kann auf unterschiedliche Weise zum Ausdruck kommen, je nachdem unter welchen Umständen wir leben und welche Voraussetzungen wir mitbringen. Als Leitfaden auf dem Weg der Seele stellt Harris folgende Fragen: 1) *Der Aus-*

gangspunkt: Wie sehen Welt und Gesellschaft heute aus, und wo ist der Platz des Menschen? 2) *Die Vision:* Wie könnte der Idealfall ausschauen? 3) *Die Grundfrage:* Wie kann ein Mensch seine Fähigkeit zur Güte und zur Sinnstiftung entwickeln? Als Methoden, die uns auf unserem spirituellen Weg weiterbringen, schlägt er vor: Nachdenken über unser Potential als Menschen, Gespräche über „den guten Menschen“, eine freie und offene Haltung und das Ergreifen aller Gelegenheiten, um im eigenen Leben Kreativität und Engagement zu üben. Wenn die spirituelle Dimension in unserem Leben in Erscheinung tritt, verändert sich dieses von Grund auf, obwohl das meiste, äußerlich jedenfalls, gleich bleibt. „Spirituelles Leben lässt sich nicht mit innerem Leben gleichsetzen; es besteht ebenso wenig nur aus gedanklicher Tätigkeit, wie es ausschließlich auf Wahrnehmungen oder Gefühlen aufbaut (…) spirituelles Leben schließt weder die Gedankentätigkeit noch die Gefühle aus. Dieses Leben konzentriert sich nicht auf den Gipfel der Seele, es schließt weder Intellekt noch Fantasie noch Körper aus (…) denn das wäre kein Leben im eigentlichen Sinne (…) wenn der Mensch leben soll, so muss er vollständig leben, mit Körper, Seele, Intellekt, Herz und Geist“, schreibt Thomas Merton in seinem Buch *Zwiesprache der Stille.* Unser Verständnis von uns selbst und der Natur mit Hilfe wissenschaftlicher Methoden zu erweitern, steht nicht in Widerspruch dazu, uns mit ganzem Herzen für die soziale Situation des Menschen zu engagieren. Wir teilen das Wesentlichste miteinander ebenso wie die Verantwortung, das, was wir haben, so gut zu verwalten, wie wir können,. Das Leben könnte so unendlich viel reicher sein, wenn wir es wagen würden, uns einander zu nähern und unser menschliches Potential gemeinsam zu nutzen.

Das Wort „spirituell“ lässt viele gleich an Religion denken. „Ich bin nicht religiös“, „Ich gehe nicht in die Kirche“, „Meine Frau interessiert sich für so was“, „Ich glaube nicht an einen alten Mann da oben zwischen den Sternen“. Solche Sätze höre ich oft, wenn die Rede auf Spiritualität kommt. Negative Erfahrungen in der Kindheit und Jugend haben viele dazu geführt, sich von allem zu distanzieren, was Religion heißt. Unverarbeitetes Erleben von Heuchelei, Druck, Selbstgerechtigkeit und Verlogenheit haben sich in Gleichgültigkeit, Bitterkeit und Verachtung verwandelt. Da fällt es schwer, sich einen offenen Blick zu bewahren. Ein Kind kann sehr verwirrt werden von all dem, was es gehört, aber nicht verstanden hat. Daran dachte ich neulich, als ich im Café saß. Zwei Jungen von schätzungsweise sechs und acht Jahren führten ein lebhaftes Gespräch über Jesus. „Jesus Christus und Gott sind dieselbe Person“, sagte der jüngere. „Überhaupt nicht“, antwortete der ältere, „Gott ist der Vater von Jesus!“

Können wir Spiritualität und Religion gleichsetzen? Müssen wir religiös werden, wenn wir die spirituelle Dimension erforschen wollen? Die Antwort lautet: Ja und Nein. Ein Bewusstsein spiritueller Bedürfnisse *kann*, *muss* jedoch nicht zwangsläufig zur Religion führen. Ein religiöses Umfeld begünstigt die spirituelle Entwicklung im Idealfall; es bewirkt jedoch meiner Meinung nach ebenso oft das genaue Gegenteil. Was würde es helfen, noch so religiös zu sein, wenn sich der Altar nicht in unserem Herzen befände, sondern in der Kirche stehen geblieben wäre, fragte Anna Bornstein einmal. Spiritualität und Religion bereichern sich zweifellos gegenseitig, aber das ist nicht immer der Fall. Wenn wir über diese Themen diskutieren, reden wir sicherlich oft aneinander vorbei. Was ist Spiritualität, und was ist Religion? Das Wort *Religion* geht auf einen vieldeutigen Ursprung zurück. Eine erschöpfende Definition lässt sich daraus nicht erstellen. Das Lexikon spricht von einem „zusammenhängenden Glaubenssystem, oft mit besonderen Ritualen für den Kontakt mit einem oder mehreren Göttern und/oder übernatürlichen Phänomenen“. In unserer Welt gibt es schätzungsweise 3000 Religionen und viele verschiedene Gottesbilder. Etwa zehn dieser Religionen haben eine Anhängerschaft zwischen ungefähr vier Millionen und etwa zwei Milliarden. Im Jahre 2002 wurde die Anzahl der Personen, die zu den vier größten Weltreligionen zählen, wie folgt berechnet: Christentum zwei Milliarden, Islam 1,3 Milliarden, Hinduismus 900 Millionen, Buddhismus 360 Millionen. Die traditionellen chinesischen Religionen zählen etwa 225 Millionen, die traditionellen afrikanischen Religionen ungefähr 95 Millionen und das Judentum hat zirka 15 Millionen Anhänger.

Unter den sprachlichen Wurzeln des Wortes Religion befindet sich das lateinische *religare* (binden oder mit etwas verbunden sein), das auch mit dem Wort Ligatur verwandt ist. Die Römer benutzten das Wort in verschiedenen Zusammenhängen, um beispielsweise eine Verbindung mit der Familie, der Sippe oder dem Staat auszudrücken. Auch die lateinischen Wörter *religere* (sich zentrieren, sich fokussieren, wieder zusammennehmen) und *religio* (dem untergeordnet sein, was größer ist als wir selbst, eine würdevolle Haltung gegenüber einer höheren Ordnung einnehmen) haben mit Religion zu tun. Die verschiedenen Glaubenssysteme, denen wir uns anschließen, werden Religionen genannt. Ein Synonym stellt der Begriff Konfession dar, abgeleitet vom lateinischen *confessio*, das „Bekenntnis“ bedeutet, beispielsweise das Bekenntnis, ein Christ, ein Hindu, ein Muslime, ein Buddhist oder ein Jude zu sein.

Die Religion entspringt dem fundamentalen Bedürfnis, gemeinsam einen Ausdruck für unsere Beziehung zum Unergründlichen zu finden. Viele Wege führen dahin. Mahatma

Gandhi sagt, dass Religionen einzelne Wege darstellen, die sich in ein und demselben Punkt treffen. Und der Dalai Lama weist in einem Interview darauf hin, dass jede der großen Weltreligionen ähnliche Gedanken über die Liebe äußert, dasselbe Ziel hat, nämlich der Menschheit durch spirituelle Übungen zu dienen, und denselben Wunsch hegt, ihre Anhänger zu besseren Menschen zu machen. Der Muslim und Mystiker Rumi schreibt in einem Gedicht:

> Ich bin kein Christ, ich bin kein Jude, ich bin kein Anhänger von Zarathustra.
> Nicht einmal Muslim bin ich.
> Ich bin weder Angehöriger des Landes noch irgendeines bekannten oder unbekannten Meeres.
> Die Natur kann mich weder ihr Eigen nennen noch mich steuern, und weder Himmel noch Indien, China oder Bulgarien können das.
> Mein Geburtsort ist das Fehlen eines Ortes,
> mein Zeichen ist es, kein Zeichen zu haben oder zu geben.
> Du sagst, du siehst meinen Mund und meine Nase,
> meine Ohren gehören mir nicht.
> Ich bin des Lebens Leben.
> Ich bin diese Katze hier, dieser Stein, ich bin keiner.
> Wie einen alten Lumpen warf ich alle Zweiheit von mir.
> Ich sehe und kenne alle Zeiten und alle Welten
> wie ein Einziger, ein immerdar Einziger.
> Was muss ich also tun, damit du einsiehst, wer da spricht?
> Erkenne es und ändere alles!
> Deine Stimme ist es, die von den Wänden Gottes widerhallt.

Die Religionen verleihen dem, woran Menschen glauben, Form und Inhalt. Eine lange Tradition zusammenhängender Geschichten garantiert Sicherheit und Kontinuität. Wir bekommen heilige Orte, an denen wir uns versammeln können, um den großen Erzählungen zu lauschen und durch Gebete und Rituale unseren Zusammenhalt zu bekräftigen und Gott zu preisen. Durch die Religion können wir im spirituellen Sinne reifen und in Liebe einander und der Welt zuwachsen. So sollte es sein, und so funktioniert es am besten. Doch es ist nicht immer so. Die Schattenseite der Religion gibt sich täglich in Form von Sektierertum, Dogmatismus, Dünkel, Unbarmherzigkeit und Krieg zu erkennen. Jeden Tag geschehen im Namen der Religion Gräueltaten, von Menschen verübt, die davon überzeugt sind, Gott und das Recht auf ihrer Seite zu haben. Daran erinnerte mich neulich ein Detail. Unter den Erinnerungsstücken von der Enola Gay (der Maschine, die im Zweiten Weltkrieg verwendet wurde, um Hiroshima dem Erdboden gleichzumachen), die neulich auf einer Auktion verkauft wurden, befand sich auch die Bibel des Piloten. Diese hatte er in seiner Jackentasche mitgenommen, als er abflog, um bewusst einige Hunderttausende Männer, Frauen und Kinder zu vernichten. Für den christlichen Existenzialisten Paul Tillich geht es in der Religion um das, „was uns unbedingt angeht". Zu diesem müssen wir eine Beziehung aufbauen, um mit existenziellen Fragen wie Tod, Einsamkeit, Sinn und Freiheit umgehen zu können.

Hoffentlich hilft uns die Religion dabei, die spirituelle Dimension des Daseins zu würdigen und sie zu vertiefen; doch so funktioniert das nicht immer. Ein *religiöses* Leben ist nicht immer ein *spirituelles* Leben. Das hängt nämlich davon ab, wie wir es leben. Um es etwas vereinfacht auszudrücken: Die *Religion* bietet Richtlinien dafür, wie eine Glaubensauffassung gelebt werden soll, während die *Spiritualität* das ist, was unsere Herzen erfüllt. Man verbindet Religion mit *Form und Struktur* und die Spiritualität mit *Inhalt und Haltung*. Ich denke, dass wir beides brauchen; Religion und Spiritualität stellen kein Gegensatzpaar dar, aber wir müssen darauf achten, die Form nicht auf Kosten eines lebendigen Inhalts überzubewerten. Ein Beispiel für eine Form, die ihr Ziel wahrscheinlich überlebt hat, ist die christliche Tradition, das Hochamt sonntags um 11 Uhr zu feiern, eine Gewohnheit, die einer anderen Gesellschaft als der heutigen entstanden ist. Damals war diese Uhrzeit ein ganz gewöhnlicher Zeitpunkt um zusammenzukommen; heute ist das jedoch kaum noch der Fall. Ist das vielleicht einer der Gründe, warum in einer Zeit, in der die spirituellen Bedürfnisse sonst eine Renaissance zu erleben scheinen, die Kirchen relativ leer bleiben? Wenn die Form von ihrem Inhalt getrennt wird, beginnt sie, ein eigenes Leben zu führen. Wir vergessen, warum wir das tun, was wir tun, und berauben es auf diese Weise seines Sinns.

Glaube – was ist das?

Diese Zeilen schreibe ich auf einem kleinen, pittoresken Platz in Granada. Von hier aus habe ich eine Kirche im Blick, in die jeden Tag viele Menschen hineingehen. Die Gottesdienste sind in der Regel bestens besucht. Was lockt denn all diese Menschen dahin? Was wollen sie, und woran glauben sie? Die Religion gründet auf den Glauben, und das Fundament des Glaubens ist das Vertrauen. Im Jakobusbrief (2,14–17) steht: „Meine Brüder, was nützt es, wenn einer sagt, er habe Glauben, aber es fehlen die Werke? Kann etwa der Glaube ihn retten? Wenn ein Bruder oder eine Schwester ohne Kleidung ist und ohne das tägliche Brot und einer von euch zu ihnen sagt: Geht in Frieden, wärmt und sättigt euch!, ihr gebt ihnen aber nicht, was sie zum Leben brauchen – was nützt das? So ist auch der Glaube für sich allein tot, wenn er nicht Werke vorzuweisen hat.“ Eine lebendige Religion setzt einen lebendigen Glauben voraus, das bedeutet einen Glauben, der eine persönliche Bedeutung hat und durch die Art und Weise sichtbar wird, wie wir leben. Doch was ist eigentlich Glaube? Die englische Sprache bietet dafür zwei Wörter, die diese Frage näher beleuchten können: *belief* und *faith*. Beide können durch den Ausdruck *Glaube* übersetzt werden, und doch besteht zwischen diesen zwei Wörtern ein feiner Unterschied. *To believe* bedeutet, an etwas zu glauben, das plausibel bewiesen werden kann („Ich glaube, dass es Leben auf dem Mars gibt.“– „Ich glaube, dass er sie liebt.“ – „Ich glaube, dass morgen die Sonne scheint.“ – „Ich glaube, dass der Krieg im Nahen Osten mit dem Frieden enden wird.“). *Belief* ist ein Wort mit alten Ahnen. In früheren Zeiten bedeutete es *to hold dear* – etwas lieb haben. Das Wort *faith* hat eine Vielzahl von Wurzeln, unter anderem das lateinische *fidere*, das heute im Englischen mit *to trust* wiedergegeben wird, das heißt: vertrauen, sich auf etwas verlassen. *To have faith* bedeutet: ein starkes Vertrauen zu etwas haben, in dem Wissen, dass man nicht auf eindeutige Beweise oder sichere Antworten hoffen kann („Ich vertraue auf die dem Menschen innewohnende Güte.“ – „Ich vertraue darauf, dass das Leben einen Sinn hat.“). In einem alten Geschichtsbuch wird *faith* folgendermaßen definiert: „Feststehen in dem, was man erhofft, Überzeugtsein von Dingen, die man nicht sieht“. *Faith* zu haben bedeutet: an etwas zu glauben, wovon der gesunde Menschenverstand meint, es wäre klüger, nicht daran zu glauben. In allen religiösen Erfahrungen kann man unterscheiden zwischen der übergeordneten „Suprastruktur“ (*belief* – die äußere Form) und der „Infrastruktur“ (*faith* – die innere Offenbarung). *Faith* ist ein Wagnis, das einen Sprung ohne Netz ins Ungewisse erfordert; es ist die ernsthafte Suche nach der Wahrheit des Lebens, unabhängig davon, welcher Religion man angehört. Folgende Zeilen aus R. S. Thomas' Gedicht *Heden* vermitteln ein Gefühl für das Wesen des *faith:*

> Es war für mich wie eine Kirche.
> Ich ging hinein mit weichen Schritten,
> hielt meinen Atem wie eine Mütze in der Hand.
> Alles war Stille.
> Gottes Wesen ließ sich vernehmen,
> nicht hören, in reinen Farben,
> die das Auge feucht werden ließen,
> im Streichen des Windes über das Gras.
> Keine Gebete wurden gelesen. Doch des Herzens Leid
> kam zur Ruhe – das war Loblied
> genug; und der Gedanke trat
> seine Herrschaft ab. Ich ging weiter,
> einfach und gering, während sich die Luft, freigebig,
> zerkrümelte und sich mir als Brot brach.

Faith sagt, *dass* man sich Gott vorstellt, *belief* sagt, *wie* man ihn sich vorstellt.

Unser Begriff von Gott folgt verschiedenen Grundsätzen und gestaltet sich auf unterschiedliche Weise je nachdem, wie wir glauben oder wie wir diesem Glauben Ausdruck verleihen. Die Religionen basieren auf dem Vertrauen darauf, dass hinter unserem Leben ein verbindendes Prinzip, also *faith*, existiert. *Faith* ist das, was uns allen gemeinsam ist, unabhängig davon, zu welchem Glaubenssystem wir uns bekennen. *Belief* ist zeitgebunden und damit relativ, *faith* ist absolut und ewig. Während *belief* Grenzen setzt, kennt *faith* keine Grenzen, so wie es Walt Whitman in seinem Gedicht *A larger view (Erweiterte Sicht)* aus *Leaves of Grass (Grashalme)* beschreibt:

Als ich den gelehrten Astronomen hörte,
als ich die Beweise und Zahlen in Reihen vor mir aufgestellt sah,
als man mir die Tabellen und Diagramme zeigte, die zu addieren, zu dividieren und zu messen waren,
als ich, auf meinem Sitz, den Astronomen hörte, wie er unter großem Beifall im Hörsaal las,
wie seltsam schnell fühlte ich mich da müde und unwohl:
bis ich aufstand und aus dem Saal glitt und alleine wegging,
in die geheimnisvolle feuchte Nachtluft hinein,
und von Zeit zu Zeit in vollkommener Stille zu den Sternen hinaufschaute.

Die großen Religionen unterscheiden sich in ihrem *belief*, während sich ihre Anhänger im *faith* treffen können. In seinem Buch *Kreativitetens hemlighet (Das Geheimnis der Kreativität)* schreibt Hans Ljungquist: „Wenn man die Außenseiten unserer verschiedenen Religionen aneinander hält, sind die Unterschiede am deutlichsten sichtbar. Diese Unterschiede geben sogar Anlass zu Verfolgung und Krieg zwischen den Religionen. Vor dem Hintergrund dieses Wahnsinns ist es nicht schwer zu verstehen, dass viele Humanisten allem, was mit Religion zu tun hat, den Rücken zukehren. Stellt man dagegen die inneren Aspekte der unterschiedlichen Religionen Seite an Seite, erhalten wir ein vollkommen anderes Bild. Mystiker bewerfen sich nicht gegenseitig mit Bomben, ganz gleich, worüber sich ihre Priester auch streiten mögen." Ebenso wie die Religion der Spiritualität zuweilen entgegenwirken mag, kann auch *belief* gegen *faith* stehen. Macht man zu viel Lärm um den *belief* und besteht zu sehr auf seinem eigenen Glauben, verliert man das, wozu *belief* gut ist: uns nämlich Hoffnung und Mut zu schenken und den *faith* am Leben zu erhalten. Unser Glaubenssystem kann auch dazu dienen, das Leben auf Distanz zu halten. *Faith* ist allumfassend und bildet die Grundlage für den Glauben an Gott, der unzählige Menschen verschiedener Rassen und Kulturen vereint. *Faith* haucht Glaubenssätzen Leben ein, zerschlägt künstlich errichtete Grenzen und führt uns als Menschen zusammen. *Belief* läuft Gefahr, Mauern zu schaffen und uns zu entzweien. Während *faith* und *belief* die Gedanken in verschiedene Richtungen lenken und unterschiedliche Denkmuster hervorrufen, verflechten sie sich gleichzeitig miteinander und bereichern sich gegenseitig. Nichts spricht dafür, dass *belief* von unbedingt zum *faith* weiterführt. Dagegen steht *faith* immer in Gefahr, auf *belief* reduziert zu werden. „Ich habe zehntausend Fragen, aber nicht den geringsten Zweifel!“, sagte Kardinal Newman. Seine Worte drücken das paradoxe Verhältnis zwischen *faith* und *belief* aus, dem wir gegenüberstehen, wenn wir darüber nachdenken, was der Grund für unseren Glauben ist. Folgendes Gedicht von Anna Greta Wide aus der Sammlung *Den saliga osäkerheten (Die selige Unsicherheit)* sagt etwas über dieses Verhältnis aus:

Glaubst du an Gottvater, den Allmächtigen?
Weiß ich nicht. Es fühlt sich so an.

Glaubst du an Jesus Christus?
Weiß ich nicht. Ich liebe ihn.

Glaubst du an den Heiligen Geist?
Weiß ich nicht. Etwas beunruhigt mich.

Bezeichnest du dich als Christ?
Weiß ich nicht. Ist das denn wichtig?

Selbst wenn wir in unserem Glauben sicher sind, werden wir bescheiden angesichts der Fragen, die diese Zeilen aufwerfen. „Man kann über Gott dergestalt lesen, dass das Leben aus dem Glauben bewässert wird. Man kann die Bibel so studieren, dass das Wort vor Kraft erstrahlt", schreibt Peter Halldorf in seinem Buch *Som brann där en eld (Als ob ein Feuer brannte)*. Darin erzählt er, dass man in der Urgemeinde behauptete, nur derjenige, der zuerst seine Seele gereinigt habe, könne richtig mit Gott reden.

Vor einigen Jahren wurde in der Zeitung *Sydsvenskan* eine Betrachtung aus der französischen *Le nouvel observateur* veröffentlicht. Sie lautete ungefähr so: Lasst uns die sechs Tage der Schöpfung als ein Bild dafür gebrauchen, was in vier Milliarden Jahren geschehen ist. Demnach entspricht also ein Tag 660 Millionen Jahren. Unser Planet wurde Sonntagnacht um 1 Uhr geboren. Am Montag, Dienstag und Mittwoch bis 12 Uhr nimmt unser Planet Form an. Das Leben entsteht am Mittwoch um 12 Uhr mittags und entwickelt sich während der nächsten drei Tage in seiner ganzen organischen Schönheit. Erst am Samstag um 17 Uhr tauchen die großen Reptilien auf, um nur fünf Stunden später, zu dem Zeitpunkt, an dem die Mammutbäume aus dem Boden schießen, wieder zu verschwinden. Den Menschen gibt es erst drei Minuten vor Mitternacht am Samstag. Eine Viertelsekunde vor Mitternacht wird Jesus geboren, eine Vierzehntelsekunde vor Mitternacht läuft die industrielle Revolution an. Nun ist es Samstagmitternacht, und es gibt Menschen, die glauben, dass das, was sie seit einer Fünfzehntelsekunde tun, in alle Ewigkeit so weitergehen kann! Diese Überlegungen reizen die Fantasie, finde ich.

Als ich über *faith* und *belief* nachdachte, habe ich mir den Unterschied zwischen Haus und Heim vorgestellt. Dabei steht das Haus für *belief* und das Heim für *faith*. Ein Haus zu besitzen, bedeutet nicht immer, ein Heim zu haben, und das Heimgefühl kann ganz unabhängig von dem Haus, in dem man wohnt, entstehen. Ein Haus unterscheidet sich von einem Heim in vielerlei Hinsicht. Ein Heim hat eine warme Atmosphäre, es ist ein Ort, an dem man sich sicher und willkommen fühlt. Ob man dort wohnt oder nur auf Besuch ist, man wird mit Respekt und Toleranz behandelt. In einem Heim gibt es genug „Luft zum Atmen" im Sinne von Raum fürs Alleinsein wie für die Gemeinschaft. Man fühlt sich dort weder eingeschränkt, noch ist man ein Spielball der Wellen und Winde. Ein bisschen Drunter und Drüber lässt sich durchaus ertragen, in dem guten Wissen, dass überall dort, wo Menschen nah beieinander leben, Konflikte entstehen. Mit Offenheit und gutem Willen lassen sich diese ja lösen. Wenn man richtig mit ihnen umgeht, können Konflikte sogar der Königsweg der Entwicklung werden. In seinem Heim darf man auch seine weniger guten Seiten zeigen, in der Hoffnung, dass ein Dialog möglich und Zusammenarbeit ein selbstverständliches Ziel ist. Wo sich Platz für Ungleichheiten findet und die Fähigkeit zu unterscheiden zwischen dem, was wichtig ist, und dem, was keine Bedeutung hat, kann das meiste in aller Offenheit geschehen, ohne Heimlichkeiten und Intrigen. Man kann frei heraus sagen, wie es um eine Sache steht, und ins Reine bringen, was schief ist. Sollte dennoch Streit ausbrechen, so kann man ihn im Einvernehmen lösen, denn die Basis des Heims ist die Liebe. Ein Heim entsteht nicht ohne Mühe. Es braucht Zeit und Pflege, um eine Atmosphäre des Vertrauens und der Zusammenarbeit zu schaffen. Ich stelle mir vor, dass die Religionen – in ihren äußeren Formen der Kirchen und Gemeinden – das Haus darstellen, während die Spiritualität – der wesentliche Inhalt – für das Heim steht. Einen Ort zu haben, wo man hingeht, wenn man in einer geordneten Form vor Gott tritt, vermittelt Sicherheit. Soll ein solches „Haus" zum „Heim" werden, darf es keinen Zweifel daran geben, dass ich dort, so wie ich bin, jederzeit willkommen geheißen werde, um im Gespräch und in wortloser Gemeinschaft mit meinen Seelenverwandten Ausdruck für meinen Glauben zu finden. Die christliche Religion ist das „Haus“, in dem ich mir zu leben ausgesucht habe; allerdings empfinde ich es leider nicht immer als ein Heim. Manchmal fühlt es sich sogar wie ein Gefängnis an: kalt, mit einem niedrigen Dach und mit knapp bemessener, nährstoffarmer Kost. Ein Haus muss auf einem Fundament gründen, das stabil und dennoch nicht starr ist. Einerseits bewirkt Stabilität, dass es fest steht; man bewegt sich freier, wenn man weiß, dass der Boden hält. Steifheit stellt andererseits eher eine Zwangsjacke dar, die spontane Bewegung unterdrückt und die Menschen daran hindert, frei zu atmen. Das Wort *Fundament* bedeutet Boden, Grund und stammt vom lateinischen *fundamentum*, Grundmauer. Irgendwo habe ich folgenden Vergleich zwischen Fundament und Fundamentalismus gehört: Schlägt man auf dem Klavier ein tiefes c an, erklingt der Ton deutlich, während man gleichzeitig, wenn man genau hinhört, eine ganze Reihe von Obertönen wahrnehmen kann. Das c ist das Fundament, der Grundton, der ohne seine Obertöne flach und uninteressant klingen würde. In diesem Gleichnis gesprochen erscheint der Fundamentalismus als eine Abschottung gegen die Obertöne, eine Verleugnung des nuancierten und facettenreichen Erlebens, die gegen unsere Erfahrung und unsere Lebensanschauung – das Fundament – verstößt und fremd wirkt: Im Idealfall empfindet man sie als lästig und unnötig, im schlimmsten Fall als eine gefährliche Bedrohung. Der Fundamentalist wird zur Geißel im eigenen Hause, unerschütterlich in seiner eigenen Position, unempfindlich und misstrauisch gegenüber allem, was nicht mit seiner eigenen Sicht übereinstimmt. Aus dieser gebundenen Position heraus verdreht er die Welt und zieht irreführende und verwirrende Schlüsse. Wie in der Fabel von der Katze, die dem Hund erzählt, dass

Gott versprochen habe, riesige Mengen Mäuse regnen zu lassen, vorausgesetzt, die Katze schaffe es, lange und intensiv zu beten. „Dumme Katze, die nicht begriffen hat, dass es keine Mäuse, sondern Knochen sind, die Gott auszugießen versprochen hat", dachte sich der Hund, wandte sich um und ging! Man kann sich ein Haus – eine Kirche – vorstellen, die fest auf ihrem Platz steht, jedoch nach allen Richtungen hin weit geöffnete Türen und Fenster hat, ein offenes, helles und hohes Haus, ein Haus, das den Besucher, ganz gleich, woher er kommt, willkommen heißt, ein Haus, das die Voraussetzungen erfüllt, zu einem Heim zu werden, ein heiliger Ort, wo *faith* und *belief* sich vereinigen und vertiefen und Spiritualität und Religion eins werden lassen.

Das Mögliche und das Unmögliche

In seinem Buch *On religion (Über Religion)* betrachtet der Philosoph John Caputo *faith* und *belief* – auch wenn er nicht diese Begriffe verwendet – von einem anderen Blickwinkel aus. Ins Zentrum der Religion stellt er die Liebe. Wahre Religion bedeute Liebe zu Gott, unabhängig davon, welche Religion man habe. Der Gegensatz zu einem religiösen Menschen sei nicht der säkulare Mensch, sondern ein Mensch, dem die Liebe fehlt. Demnach könne es *belief* ohne *faith* geben. Ein wahrhaft religiöser Mensch zu sein bedeute, sich hinzugeben und sich von seiner Liebe berauschen zu lassen. „Religion ist etwas für Liebende", schreibt Caputo. Der durch und durch religiöse Mensch erlaube es sich, ohne Vorbehalt und in gutem Glauben zu brennen, meint er. Das ist fast wie eine Art Wahnsinn. Was sollte uns sonst dazu veranlassen, uns ins Unbekannte zu stürzen, wenn uns die Vernunft dazu ermahnt, stillzuhalten und abzuwarten, bis wir sehen können, wohin das alles führt? Die leidenschaftliche Liebe kümmert sich nicht um Warnungen dieser Art. Wer liebt, wird von dem Gefühl verzehrt, das in den zwei magischen Worten an die geliebte Person liegt: *Du – Jetzt!* Caputo behauptet, ein bedingungsloses „*Ja!*" zum Leben sei ein zutiefst religiöser Gedanke. Dieses eindeutige „*Ja!*" bildet den Kern dessen, was ich unter *faith* verstehe, und ist die einzige Art und Weise, wie man *belief* zu einer bedeutenden Kraft in der Welt machen kann. Lauheit hat mit Liebe nichts zu tun. Sie lässt das Herz verkümmern, und ein verkümmertes Herz bereitet keine Freude. Eine lebendige Religion weist uns den Weg zu einem solchen „*Ja!*" und zeigt uns, wie wir ihm in unserem Leben eine konkrete, erkennbare Dimension verleihen können. Die einzige Art zu zeigen, dass man an die Liebe glaubt, ist, zu lieben. Der Rest sind fromme Worte und gute Gedanken.

Caputo unterscheidet zwischen dem Möglichen und dem Unmöglichen, wie er es nennt, und zwar nach der jeweiligen Perspektive auf die Zukunft. Das Mögliche bezieht sich auf die überblickbare, relativ voraussehbare nahe Zukunft, jene Zukunft, mit der wir vernünftigerweise rechnen können, die geplant werden will und für die wir eine handfeste Verantwortung übernehmen müssen. Er nennt sie die gegenwärtige Zukunft („the future of the present"). Die Fähigkeit zu denken, ein leistungsfähiger Computer und eine gute Portion gesunden Menschenverstandes sind eine angemessene Ausrüstung dafür, dieser Zukunft entgegenzugehen. Hier sind die Kardinaltugenden gefragt: Klugheit (das bedeutet die praktische Weisheit), Tapferkeit (im Sinne von Mut und innerer Stärke), Gerechtigkeit und Maß. *Das Unmögliche* ist die Zukunft, die wir niemals voraussagen können, die uns stets überrumpelt und uns bis an die äußerste Grenze dessen drängt, was möglich ist. Hier befinden wir uns auf dem Territorium des *faith*, losgelöst von Zeit und Raum. Diese Zukunft betreffend müssen wir uns mit Vermutungen und Fantasien zufrieden geben. Rationalität und Planung haben keine große Reichweite. Caputo bezeichnet sie als die *Zukunft der Zukunft* („the future of the future“). Vor diesem Hintergrund wird unsere Ausgesetztheit und Verletzbarkeit sichtbar. Die Zukunft der Zukunft birgt Rätsel in sich, die uns um eine Antwort verlegen machen. Hier sind die drei göttlichen Tugenden vonnöten: Glaube, Hoffnung und Liebe. Und hier wiederum sei die wahre Religion zu Hause, meint Caputo. *Faith* gehört zu dem *Unmöglichen*, denn hierbei handelt es sich um ein Vertrauen in das, was wir uns nicht einmal in unseren wildesten Fantasien vorstellen können, und um die Hoffnung, dass das Vernunftwidrige trotz allem möglich ist. So wie es im Römerbrief (8,24–25) steht: „Denn wir sind gerettet, doch in der Hoffnung. Hoffnung aber, die man schon erfüllt sieht, ist keine Hoffnung. Wie kann man auf etwas hoffen, das man sieht? Hoffen wir aber auf das, was wir nicht sehen, dann harren wir aus in Geduld.“

Unsere Grundausrüstung als Menschen schließt ein Gefühl fürs Religiöse *(religious sense)* mit ein, ungefähr so wie das Gefühl für Ästhetik und Politik *(aesthetic and political sense)*. Religiöse Führer können uns den Weg weisen, uns inspirieren, beraten und beistehen. Vor dem ungestümen Sprung in den Glauben jedoch – *leap into faith* – steht jeder von uns alleine da. Hier ist Kühnheit angesagt, der Mut, trotz unseres zeitweise beunruhigten Herzens den Sprung zu wagen. „Wahre Religion ist nichts für Memmen“, schreibt Caputo. Er singt ein Loblied auf die Bedeutung von Glut und Freude für die religiöse Haltung. Das paradoxe Verhältnis zwischen Glaube und Unglaube, Zweifel und Vertrauen gehört auch dazu. Pierre Teilhard de Chardin schreibt: „Also musste ich entschlossen in den mächtigen Strom der Religion eintauchen, den das Rinnsal meines eigenen inneren Suchens gerade eben erreicht hatte. Doch da merke ich, dass das Wasser nicht besonders klar ist und dass es überall Strudel jeglicher Art gibt, die uns zum großen Ozean mitreißen.“ Das Dasein ist dann am intensivsten, wenn wir uns auf der Suche nach dem Weg befinden, wenn wir gezwungen werden, uns Grenzen zu nähern, und uns mit dem Rätsel des Unmöglichen konfrontiert sehen. In einer glaubwürdigen Religion treffen sich *faith* und *belief*, jedoch nicht für immer und ewig. Wenn *faith* seine Kraft erhalten soll, so muss er immer wieder aufs Neue erobert und gewählt werden.

Die seelische Reise

Spirituelle Reife braucht ihre Zeit. Der Prozess ist persönlich und jede Reise ein Abenteuer für sich. In seinem Buch *Friends of God (Die Freunde Gottes)* gibt Edward Harris Kierkegaards Gedanken zu den unterschiedlichen Stadien der seelischen Entwicklung wieder. Das *erste* – das *ästhetische* Stadium – geht von einer materialistischen Basis aus. Der Begriff *Ästhetik* kommt von einem griechischen Wort, das das Äußere, Vorübergehende und Sichtbare im Unterschied zu dem Inneren, Ewigen und Unsichtbaren meint. In dieser Phase spielt die äußere Welt eine wichtige Rolle. Wir streben nach Macht, Ehre, Anerkennung, nach Geld und nach einer Stellung im Leben. Um dorthin zu gelangen, wo wir hinwollen, behandeln wir andere rücksichtslos als Objekte. Das Glück, diese Ziele erreicht zu haben, ist nur von kurzer Dauer. Denn bald schon werden wir zu neuen Eroberungen getrieben, während wir gleichzeitig Angst haben, das zu verlieren, was wir bereits besitzen. Die Sucht nach dem äußeren Wohlergehen macht uns arm. Die Sorge, in dem besinnungslosen Rennen nur hinterherzuhinken, erzeugt eine Angst, die zu Kraftlosigkeit und Verzweiflung führt. Wir werden angetrieben, uns noch ein bisschen mehr anzustrengen, so,lange bis unsere Kraft versiegt und die Grenze dessen, was wir schaffen können, erreicht ist. Im *ethischen* Stadium, der *zweiten* Phase der seelischen Reise, entsteht ein Interesse für das innere Leben und eine humanistischere Sicht auf das menschliche Dasein. Die Bewegungen der Seele sind nun im Inneren verankert. Die Mängel, die der früheren Art zu leben anhaften, werden deutlich. Wir beginnen zu begreifen, dass das Ziel des Lebens über die Befriedigung äußerer Bedürfnisse hinausgeht. Beziehungen ohne Liebe und Fürsorge büßen ihren Wert ein. Langsam entsteht Empathie. Allmählich geht uns auf, dass das Leben und die Bedürfnisse anderer einen ebenso großen Wert haben wie unsere eigenen – und dass wir in der Tat frei sind zu entscheiden, wie wir leben wollen. Die Möglichkeiten nehmen Gestalt an, die Kreativität entfaltet sich. Das ist eine zweischneidige Angelegenheit, denn die Freiheit bringt auch eine schwerwiegende Verantwortung mit sich, die uns verpflichtet. Im ethischen Stadium sind wir versucht, zur unbekümmerten Bequemlichkeit der ersten Phase zurückzukehren. Unter dem Vorwand zu „müssen" und zu „sollen" machen wir uns selbst zum Objekt, damit wir den Konsequenzen der Freiheit entkommen. Das *dritte* Stadium der seelischen Reise heißt *der Weltgeist.* Es wird eingeleitet, sobald wir begriffen haben, dass es etwas gibt, das jenseits unserer Gedanken und unseres Willens existiert, eine universelle Schöpferkraft, von der wir und unsere Welt ein Teil sind. Nun werden wir einer transzendenten Wirklichkeit gewahr und beginnen über den Sinn des Lebens und unseren eigenen Platz in dem großen System nachzudenken. Der Ruf nimmt jetzt Form an. „Was ich eigentlich brauche, ist, mir selbst darüber klar zu werden, was ich tun soll, und nicht, was ich wissen muss (…) es geht mir darum, eine Wahrheit zu finden, die für mich Wahrheit bedeutet, einen Gedanken zu finden, für den ich leben oder sterben will", steht im Tagebuch des jungen Kierkegaard. Und in seinem Tagebuch schreibt Dag Hammarskjöld:

Du wagst dein Ja – und erlebst einen Sinn.
Du wiederholst dein Ja – und alles bekommt Sinn.
Wenn alles Sinn hat, wie kannst du etwas anderes leben als ein Ja?

Der englische Geistliche und ehemalige Leiter des Grubb Institute for Management Studies in London, Bruce Reed, hat in dem, was er Oszillationstheorie nennt (Oszillation bedeutet Schwingung, Pendelbewegung), formuliert, wie er die seelische Reise betrachtet. Reed geht davon aus, dass Menschen sowohl einander brauchen als auch voneinander und von einer höheren Macht, von Gott, abhängig sind. Abhängigkeit ist indessen ein Sinneszustand, der starke Gefühle wie Furcht, Angst und Verleugnung hervorzurufen pflegt. Aus dem Begriff Abhängigkeit heraus skizziert er *vier Haltungen (states of mind)* in Bezug auf Gott, die zusammengenommen einen Reifeprozess ausmachen. Die erste ist eine äußere Abhängigkeit *(extra-dependence)*, die sich dann offenbart, wenn wir erkennen, dass hinter den Dingen etwas existiert, das größer ist als wir selbst. Nun entsteht allmählich ein spirituelles Bewusstsein. In dieser Phase erscheint Gott oft als eine allmächtige, weit von uns entfernte Kraft. Durch Lobgesang und Liturgie bestätigen wir unsere Abhängigkeit von diesem allmächtigen Wesen. In dieser Phase finden wir üblicherweise zur Religion und legen damit den Grund für unser Credo – ein lateinisches Wort, das „ich glaube" bedeutet. Später tritt der Zustand des Übergangs ein, der laut Reeds Beschreibung die zweite Haltung darstellt. Er nennt ihn den Übergang zur inneren Abhängigkeit *(transformation to intra-dependence)*. Der uns bis dahin ferne Gott findet allmählich Eingang in unser Leben. Während wir uns all dessen bewusst werden, was in der materialistischen Welt, in der wir leben, ein spirituelles Wachstum stört und behindert, gewinnt gleichzeitig eine tiefe persönliche Spiritualität an Stärke. In dieser Phase werden wir abhängig von der Gemeinschaft, die wir in Kirche und Gemeinde erleben. Und allmählich wechseln wir zur dritten Phase der inneren Abhängigkeit *(intra-dependence)* über. Gott ist hier keine abstrakte Idee mehr. Das Gottesbild ist zu einem integrierenden Bestandteil unser selbst geworden. Der Glaube wird konkret, und wir erkennen seine Konsequenzen. Der einzig gültige Maßstab ist nun, so zu leben, wie wir leben müssen. Wenn uns aufgeht, dass die Spiritualität keine Abstraktion darstellt, sondern eine höchst konkrete Lebensart, die jeden Augenblick geübt werden will, tagtäglich, solange wir leben, erlangt der Alltag eine neue Bedeutung. In dieser Phase wird der Ruf offenbar. Welche ist meine Aufgabe, und welche Möglichkeiten habe ich? Wie kann ich, während ich meinen täglichen Geschäften nachgehe, zeigen, woran ich glaube? Der *Rückgang zur äußeren Abhängigkeit (regression to dependence)* stellt die vierte Verhaltensweise dar, die Reed aufzählt. Sie zeichnet sich durch ein hohes Maß an Abhängigkeit aus, die jedoch reifer als im ersten Stadium der seelischen Reise ist. Wir haben ein gründlicheres Verständnis dafür erlangt, was es bedeutet, Mensch zu sein, und sind mit den Schwierigkeiten, Unvollkommenheiten und Misserfolgen vertraut, die zu einem gewöhnlichen Leben dazugehören. Gleichzeitig kann all das Böse, das es in der Welt gibt, übermächtig werden und uns daran zweifeln lassen, ob es sinnvoll ist, auf Liebe zu vertrauen und uns in den Dienst des Lebens zu stellen. In gewisser Weise werden wir in der vierten Phase zu der Abhängigkeit der ersten Phase zurückgeführt, sind dabei allerdings bescheidener und verständnisvoller. Wir wissen, dass wir als Erwachsene nicht um unsere Verantwortung herumkommen. Was in der Welt falsch ist, ist auch bei mir falsch, was ich in der Welt verändern möchte, muss ich auch bei mir verändern. Der spirituelle Reifeprozess werde vertieft, solange wir leben, sagt Reed. Es gibt Menschen, die all diese Phasen innerhalb einer kurzen Zeit durchlaufen. Andere wiederum brauchen dafür Jahre. Mitunter bleiben wir in einer Phase stecken und haben das Gefühl, nirgendwohin zu gelangen. Es gibt Perioden, in denen Glaube, Hoffnung und Liebe eine starke gegenwärtige Kraft darstellen, und andere Zeiten, in denen diese Kräfte fast nicht vorhanden sind. Manchmal ist Gott eine offenbare Gegenwart, manchmal kaum mehr als eine Ahnung. Die Positionen verändern sich, wir schwingen in unserer spirituellen Reife vor und zurück (daher der Name Oszillationstheorie). Unsere Seele ist in ständiger Bewegung. Die Möglichkeit der spirituellen Reife bleibt uns immer erhalten, die Reise jedoch ist selten einfach und geradlinig. Dafür ist das Leben allzu komplex. Es ist auch keineswegs gegeben, dass das spirituelle Bewusstsein mit dem Älterwerden zunimmt. Dennoch scheint es, als würde die Sensibilität für die spirituelle Dimension mit den Jahren stärker. Den meisten von uns geht mitten im Leben auf, dass das Leben kurz ist, eine Einsicht, die unser Selbstbild radikal verändern kann. Der Begriff Gerotranszendenz gewinnt rasch an Boden. Wenn das Leben in seine letzte Phase eintritt, stellt sich nicht selten ein unerwarteter innerer Frieden ein. Das Interesse für die materiellen Dinge nimmt ab, und es entsteht ein Gefühl der Zusammengehörigkeit mit der Seele des Universums. Zeit und Raum, Leben und Tod bekommen einen neuen Sinn. Für viele kann dies bedeuten, dass sie sich selbst und ihr Leben neu definieren müssen. Manche begegnen jetzt ihrer wahren Identität. Befreit von der Hast und der Spannung, die den inneren Fluss des Lebens stören, tut sich ihnen eine neue Welt auf. Alles ist eitel und ein Jagen nach dem Wind, soll eine der liebsten Redewendungen Astrid Lindgrens gewesen sein. Im Herbst seines Lebens hat der Mensch das Bedürfnis, sich zurückzuziehen, nicht weil es ihm an Engagement fehlt, sondern weil sich ihm das Leben aus dieser Entfernung deutlicher zeigt. Wenn der Herbst kommt, wird das Licht mild, und die Sonnenstrahlen brechen sich angenehm in den Zweigen der Bäume. So kann das für uns Menschen sein. Das Wort mild stammt von einem alten deutschen Wort, das fein, zart, weich, sanft und gemahlen bedeutet. „Milde setzt den Prozess des Gemahlenwerdens voraus. Danach wird das harte Korn weich", schreibt Anselm Grün. Diejenigen, die von der Mühle des Lebens gemahlen worden und über Abgründe und Klüfte gestiegen seien, würden oft milder, meint er. Diesem natürlichen Reifeprozess ist es nicht immer vergönnt, in Frieden stattzufinden. Es gibt genügend wohlwollende – jedoch irregeführte – Menschen, die um jeden Preis das Alte „aktivieren" möchten, sagt die Professorin Britt Östlund, die darüber forscht, wie sich Menschen im hohen Alter (über 80) ihrem eigenen Leben gegenüber verhalten. In einem Vortrag bezeichnete sie die übertriebene Vorstellung davon, dass richtig alte Menschen nicht nur einfach dasitzen sollen, als Jokkmokks-Jockey-Syndrom. Computerkurse, Tanzabende, Weinproben, Kunstzirkel, Bingotreffen, Chorsingen, Bridgeabende – es gibt keine Grenzen für unseren Eifer, „Aktivitäten" für alte Menschen zu organisieren, von denen wir nicht einmal mit Sicherheit wissen, ob sie gewollt oder erwünscht sind. Der Ruf wirklich alter Menschen besteht darin, vollkommen sie selbst zu sein, um uns auf diese Weise vielleicht etwas von dem zu zeigen, was es bedeutet, Mensch zu sein, etwas, was wir sonst nicht wissen. Irgendwo habe ich gelesen, dass die Aufgabe älterer Menschen darin liege, „das, was wir sind, zum Wachsen zu bringen und unser Bewusstsein zu reinigen und zu verfeinern". Das Leben wie auch unsere eigenen Grenzen mit Bescheidenheit und Humor zu betrachten, bildet einen Aspekt der Reife. Folgendes Gebet ist ein gutes Beispiel dafür. Es wurde von einer klugen Äbtissin geschrieben, die im 17. Jahrhundert gelebt hat: „Gott, du weißt besser als ich, dass ich älter werde. Hindere mich daran, schwatzhaft zu werden, und rette mich vor der Wahnvorstellung, ich müsse mich über alles und bei jeder Gelegenheit äußern. Befreie mich von der Lust, mich in die Angelegenheiten aller Menschen einzumischen. Bewahre mich vor Weitschweifigkeit – gib mir Flügel, um rasch zum Wesentlichen zu gelangen. Schenk mir die Gnade, mit Takt und Geduld den Sorgen anderer zuzuhören. Aber versiegele meine Lippen, wenn es um meine eigenen Wehwehchen geht. Sie nehmen von Tag zu Tag zu, und meine Lust, über sie zu reden, wird mit den Jahren immer größer. Schenk mir die wunderbare Einsicht, dass ich mich manchmal durchaus irren kann. Lass mich in Maßen sanftmütig sein, ich möchte keine Heilige werden – der Umgang mit Heiligen kann anstrengend sein –, doch eine saure alte Frau ist ein Meisterwerk des Teufels. Lass mich hilfsbereit, aber nicht übereifrig sein, fürsorglich, aber nicht despotisch. Wenn man eine so ungeheuer große Lebensweisheit besitzt wie ich, denkt man, es sei schade, wenn sie nicht allen zugute kommt, doch du weißt, Herr, dass ich am Ende noch ein paar Freunde behalten möchte!"

In seinem Buch *A time to live (Leben hat seine Zeit)* behauptet der Geistliche und Autor Robert Raines, die spirituelle Reife sei ein wesentlicher Teil eines kreativen und sinnvollen Älterwerdens. Er beschreibt sieben notwendige Schritte dazu:

1) Sieh ein, dass auch du sterblich bist *(wake up to your own mortality)*.
2) Gib Trauer und Schmerz Raum in deinem Leben *(embrace sorrow)*.
3) Schaue auf alles, was in deinem Leben und in der Welt gut ist *(savour blessedness)*.
4) Betrachte deine Arbeit mit neuen Augen *(re-imagine work)*.
5) Wage es, anderen Menschen, auch denjenigen, die du als fremd empfindest, nahe zu kommen *(nurture intimacy)*.
6) Trachte nach Vergebung und Versöhnung *(seek forgiveness)*.
7) Finde deine Beziehung zu Gott und fühle das Geheimnis *(feel the mystery)*.

Spirituelle Reife bedeutet auch ein stärkeres Bewusstsein von den verschiedenen Kräften, die an uns zerren, und eine größere Fähigkeit, in diesem Kampf der Zugkräfte einen inneren Ruhepunkt zu finden – nicht gegen das Leben zu kämpfen, sondern seine Vielfalt und Komplexität zu akzeptieren. Und schließlich geht es um Liebe. Reifen bedeutet, seine Fähigkeit zu lieben Schritt für Schritt verfeinern. Liebe heißt auf Englisch *love.* Beide Wörter – *lieben* und *love* – lassen sich von einem alten deutschen Wort ableiten, das „gut" bedeutet. Liebe ist die Fähigkeit, das in den Brennpunkt zu stellen, was im Menschen gut und entwicklungsfähig ist. Wahre Liebe erfasst all unsere Seiten, baut jedoch nicht auf Illusionen. Alles zu akzeptieren, was im Menschen ist, bedeutet nicht, alles gutzuheißen. Es bedeutet, in unserem Herzen einen Platz für die Stärken und Schwächen der anderen zu haben – und für unsere eigenen, was wir nur zu leicht vergessen. „In jedem Menschen leben ein Lamm und ein Löwe", schreibt Henri Nouwen. Der Löwe ist der aggressive, aufdringliche Teil unserer selbst, der antreibt, Beschlüsse fasst und Initiativen ergreift. Das Lamm ist der verletzliche, ängstliche Teil, der nach Bestätigung und Zuneigung sucht. Obliegt die Führung dem Löwen, dann werden wir bald in Stücke gerissen, und darf das Lamm bestimmen, werden wir leicht Opfer dessen, was andere geben können. „Die Kunst des spirituellen Lebens besteht darin, zu beiden Ja zu sagen und sie gemeinsam weiden zu lassen", meint Nouwen. Wenn Gegensätze zusammenfallen, kommen wir der Harmonie nahe – ein aus dem Griechischen stammendes Wort, das „zusammenfügen" bedeutet. Dann sind wir in Einverständnis mit uns selbst. Der Löwe und das Lamm, das Starke und das Schwache, müssen nebeneinander existieren. Das Lamm – das Kind in uns – zu erkennen, bedeutet nicht, unserer Verantwortung als Erwachsene nicht nachzukommen. Ebenso wenig bedeutet es, unsere Verletzbarkeit und Angst zu leugnen, wenn wir als Erwachsene Verantwortung übernehmen. Je mehr wir die Existenz des Lammes bejahen, desto leichter können wir den Löwen zulassen und für uns selbst als Menschen einstehen, die eine Aufgabe zu erfüllen haben. Und je mehr wir unsere einzigartige Aufgabe einsehen, desto wichtiger wird es uns, auch der Liebe und der Sensibilität einen Platz einzuräumen.

Mein eigener Weg

Meine eigene seelische Reise war nicht besonders leicht, und wahrscheinlich liegt immer noch ein langer Weg vor mir. „Die Vernunft sagt mir, dass es keinen Gott gibt", meint der Atheist. „Die Vernunft erlaubt es mir nicht, an Gott zu glauben", meint der Agnostiker. Zwischen diesen Aussagen herrscht aus dem Blickwinkel des Glaubens nur ein ganz feiner Unterschied. Ich selbst habe beide Einstellungen erlebt und wurde schließlich Christin, allerdings nicht ohne Widerstand und nicht, als wäre es eine Selbstverständlichkeit. Vor einigen Jahren wurde ich gebeten, an einer Artikelreihe der Zeitschrift *Trots allt (Trotz allem)* mit dem Thema „Warum bin ich Christ?" mitzuwirken. Was ich für einfach hielt, erwies sich als harte Arbeit – ich weiß nicht recht, warum. Vielleicht weil es mich erneut in die chaotische Welt meiner Kindheit zurückzwang, die ich in meinem Buch *Ett himla liv (Ein gewaltiges Leben)* geschildert habe. Ich wurde 1940 mitten in den Krieg hineingeboren und wuchs in einem ärmlichen Haus im Norden Englands auf. Bereits als Kind hatte ich ein schwieriges Verhältnis zu Spiritualität und Religion. Hätte man mir damals die Frage gestellt, warum ich Christin sei, hätte ich wahrscheinlich geantwortet, dass ich es nicht sei. „Ich bin katholisch", hätte ich gesagt; in meiner Welt war man katholisch oder evangelisch und damit basta. Die Kinder meines Stadtteils waren in zwei Lager geteilt – die

Protty Dogs (die Protestanten) und die Cally Cats (die Katholiken). Wir beschimpften einander und manchmal, wenn wir nichts Besseres zu tun hatten, schlugen wir uns. Auch die Erwachsenen schlugen sich, wenn sie am Samstagabend im Pub ein oder zwei Bier zu viel in sich hineingeschüttet hatten. Zank und Streit im Namen der Religion lagen wie Schatten über unserem Leben. Dass wir alle zum Christentum gehörten, dachte ich wohl keinen einzigen Augenblick lang. Meine Mutter war eine irische Katholikin, mein Vater ein englischer Protestant, obwohl er niemals zur Kirche ging. Beide waren sehr jung. Um meine Mutter heiraten zu können, musste mein Vater Unterricht im katholischen Glauben nehmen und schriftlich versprechen, dass seine Kinder Katholiken würden. Er hielt sein Wort, ab und zu jedoch unter heftigem Protest, der sich oft in Form von Hohngelächter an unsere Adresse ausdrückte, die wir in die Kirche gingen und so einen Quatsch mitmachten. Als ich fünf Jahre alt war, kam ich in die Klosterschule, wo ich die lateinische Messe und den Katechismus auswendig lernte. Bei den Nonnen war es streng, aber sicher, im Gegensatz zu den Verhältnissen zu Hause. Dort wurde oft gestritten, nicht zuletzt über Religion. Das Leben war ein wahnsinniges Durcheinander. Ich schaffte es nie, Ordnung in das Ganze zu bringen, und als ich siebzehn Jahre war und ich bald von der Schule gehen sollte, hatte ich genug. An einem Sonntagmorgen schloss ich mich in meinem Zimmer ein und weigerte mich, zur Messe zu gehen – ein ernstes Versäumnis, das als Sünde angerechnet wurde. Meine Mutter holte den Priester, aber ich gab nicht nach. Ich hatte das Gefühl, mein junges Leben stehe auf dem Spiel. Ich blieb in meinem Zimmer und gewann auf diese Weise den Kampf. Kurz darauf ging ich von zu Hause weg und heiratete einen Atheisten. Nun war Schluss zwischen mir und der Religion. Ich brauchte keinen Gott! Es vergingen beinahe dreißig Jahre, bevor ich wieder freiwillig den Fuß in eine Kirche setzte. Und noch viel länger, bevor ich die Tragweite dessen erfasste, wogegen ich mich entschieden hatte.

In all den Jahren war Gott nicht ganz still gewesen. Sicherlich hat er meine Aufmerksamkeit auf sich lenken wollen, nur war ich nicht sonderlich hellhörig gewesen. Ich habe erst geantwortet, nachdem ich mich in meinem Leben einige Male so richtig verheddert habe, zerschlagen von Krankheit, Enttäuschungen und zerbrochenen Beziehungen und davon inspiriert, wie unsere Tochter auf eigene Faust ihren spirituellen Weg zu suchen begonnen hatte. Als mich das Leben einholte und ich meinen wachsenden Hunger nach geistlicher Nahrung zugab, war ich knapp über fünfzig. Die Verwandlung brauchte ihre Zeit, doch an eine Begebenheit erinnere ich mich ganz deutlich: An einem Herbstmorgen in der U-Bahn, zwischen Ropsten und Gärdet in Stockholm, ging mir ein kleines Licht auf. „Es gibt Gott, ich glaube an Gott!“, erkannte ich plötzlich staunend. Warum es zu diesem Zeitpunkt und an diesem Ort geschah, weiß ich nicht. Aber so war es. Ein Leerraum verlangte plötzlich danach, ausgefüllt zu werden, und ich gab nach. Die Flamme brennt nicht immer mit gleicher Stärke, und manchmal flackert sie gewaltig. Gleichwohl ist sie, seitdem das Feuer angefacht wurde, lebendig geblieben. Die Gegenwart Gottes stellt nunmehr den Grund meines Lebens dar. Dass es Unterschiede zwischen Spiritualität und Religion, zwischen *belief* und *faith* geben kann, war damals nicht Teil meines Bewusstseins. Meine Frage war: „Glaube ich an Gott?“ Und zu meinem Erstaunen lautete meine Antwort: „Ja.“ Der christliche Weg gehört sowohl zu meinem persönlichen als auch zu meinem kulturellen Erbe. Ich wurde als Christin getauft, die christliche Sprache ist mir ein Begriff. Das christliche Evangelium ist eine nicht versiegende Quelle, aus der ich schöpfen kann, und die christlichen Mystiker sprechen mich tief in meinem Inneren an. Warum sollte ich da in der Ferne schweifen?

Und doch fiel es mir nicht leicht, in eine christliche Gemeinschaft zurückzukehren. Nicht zuletzt aufgrund all der düsteren Erinnerungen, die sich mir in den Weg stellten. Engstirnige Tanten, die uns Kinder missbilligend anstarrten, wenn wir in der Kirche flüsterten, dicke Onkel mit unauffälligen Krawatten und gut gebügelten Hemden, die meinten, die ganz große Wahrheit ihr Eigen nennen zu können, und die allen, die nicht so dachten wie sie, mit dem ewigen Feuer drohten. Kühle Jesuiten, die uns beibrachten, das Glaubensbekenntnis herunterzuleiern und „Mea culpa!" zu sagen, ohne dass wir verstanden hätten, worin unsere Schuld bestand. Fromme Damen mit geneigten Häuptern und düsterer Miene, die im Falsett von der „Freude an Unserem Herrn" sangen. Furchtsame Jugendliche, die in der Messe niemals kicherten und munter schwatzten, während wir anderen uns im Klostergarten versteckten, um heimlich ein paar Züge zu rauchen. Aber ich möchte ein besserer Mensch werden und Gott als eine lebendige Kraft in meinem Leben bewahren, und ich betrachte die Kirche als eine Hilfe dazu und nicht als Ziel an sich. Im Christentum erkenne ich ein Vorbild und einen Weg, den ich begreifen kann. Die so genannte goldene Regel – mich anderen gegenüber so zu verhalten, wie ich möchte, dass andere sich mir gegenüber verhalten – stellt für jene Sorte Mensch, die ich zu werden versuche, eine Messlatte dar, selbst wenn ich das Ziel meistens nicht erreiche.

Christus ist „die deutlichste Formgebung Gottes", hat jemand gesagt, und ebenso empfinde ich das auch. Gott gehört uns allerdings allen, und es führen viele Wege zu ihm. Er hat viele Gesichter, und die Menschen sprechen ihn mit vielen Namen an. Sowohl der christliche als auch andere Wege können missbraucht und dazu benutzt werden, uns Menschen von ihm weg- statt zu ihm hinzuführen. So war es in unserer Geschichte, und genauso ist es an vielen Orten auf der Welt heute noch. Bei dem Gedanken daran, was wir Christen innerhalb wie außerhalb der christlichen Gemeinschaften dazu beitragen, erfüllt es mich mit Abscheu – bei dem Gedanken an unsere Intoleranz, an unsere Selbstgerechtigkeit und unsere Lieblosigkeit, bei dem Gedanken an Machtmissbrauch und daran, dass wir unbequemen Fragen aus dem Weg gehen, bei dem Gedanken daran, dass wir unseren Glauben dazu benutzen, andere auszuschließen, bei dem Gedanken daran, dass wir Anspruch auf die Wahrheit erheben, aber selbst nicht so leben, wie wir sollten. Glaube und Leben gehören zusammen. Wichtiger als die Verkündigung unseres Glaubens ist es, in diesem Glauben zu leben. Die christliche Botschaft kann nur dann eine herausragende Rolle spielen, wenn wir einander gerecht und mit einer versöhnenden Liebe behandeln, die Hoffnung und Glück weckt. Nur wenn wir dies Tag für Tag üben, kann die goldene Regel Wirklichkeit werden. Die wahrhaftig große Herausforderung – zumindest ist sie das für mich – liegt darin, in jedem Menschen, dem wir begegnen, das Gute zu bejahen. Wie viel Arbeit liegt vor uns, wenn wir damit ernst machen! Und was wäre das für eine herrliche Welt?!

4 Der Ruf im Alltag

Erfülle die große Aufgabe mit Hilfe einer Reihe von kleinen Handlungen.
(Tao te Ching)

Der Wert des Gewöhnlichen

Buschwindröschen im Frühling gehören zu dem Schönsten, was ich kenne. Im Winter schon wächst meine Sehnsucht danach, durch den Wald zu laufen und sie in ihrer vollen Pracht zu sehen. Ihre Schönheit überrascht mich jedes Frühjahr aufs Neue. Was aber soll eine solche Liebe zu einer einfachen kleinen Blume? „Was ist denn an einem Buschwindröschen so Besonderes dran – an einer ganz gewöhnlichen Blume, wenn du sie beispielsweise mit einer Orchidee vergleichst?", fragte mich ein guter Freund. Ich habe keine vernünftige Antwort darauf, ich kann nur sagen, dass ich Buschwindröschen schrecklich gerne mag. Es liegt eine solche Lebenskraft in dieser zerbrechlichen Blume, die sich überall im Wald üppig verbreitet. Und obwohl es Buschwindröschen in rauen Mengen gibt, glaube ich nicht, dass es zwei gibt, die einander vollkommen gleichen. Jedes einzelne ist einzigartig und gleichzeitig gewöhnlich. Es liegt eine große Würde darin, gewöhnlich zu sein, einer in der Masse, weder größer noch geringer als ein anderer. Als ich jung war, wusste ich das nicht. Damals wusste ich: Ungewöhnlich ist am besten. Um etwas zu taugen, musste man sich auszeichnen. Meine Aufgabe war es, tüchtig und süß zu sein. Und nicht genug damit, ich sollte tüchtiger und süßer als die anderen sein. Es war besser, „jemand“ als man selbst zu sein. Eine Orchidee war mehr wert als ein Buschwindröschen. Also wuchs ich in einer gewöhnlichen Umgebung auf, wo das Ungewöhnliche hoch geschätzt wurde. Die Neffen der Nachbarsfrau wurden Zirkusartisten, die Bäckerstochter gewann einen Schönheitswettbewerb, die Cousine meiner Freundin wurde Ärztin, der Briefträger gewann den ersten Preis im Lotto, der Junge im Haus neben uns bekam einen Platz an einer bekannten Universität. Es spielte keine große Rolle, worin man Glück hatte. Wenn es nur außerordentlich war, dann war es wert, damit anzugeben. Und Erfolg ruft selbstverständlich Freude hervor. Gleichwohl herrscht, wie der britische Psychoanalytiker Peter Lomas in seinem Buch *The case for a personal psychotherapy (Gründe für eine persönliche Psychotherapie)* behauptet, ein großer Unterschied zwischen einer ruhigen und einfachen Reaktion auf eine Nachricht und der Idealisierung von Erfolg. Im letzten Falle wird das Kind dazu ermuntert zu glänzen statt zu sein, den Triumph zu suchen statt der Begegnung, sich zu spezialisieren statt ganz zu sein, nach Berühmtheit zu trachten statt etwas zu erschaffen – und das Alltägliche zu verachten. Von hier aus fehlt nur noch ein kleiner Schritt, bis man den Wert des eigenen Lebens verleugnet und auf sich selbst herabschaut.

Die Erwartungen an mich waren hoch. Ich lebte in ständiger Sorge, ihnen nicht gerecht zu werden und die Erwachsenen zu enttäuschen. Das angenehme Gefühl, etwas gut gemacht zu haben, hielt nie besonders lange an. Ständig lag die Angst davor auf der Lauer, wie es wohl beim nächsten Mal werden würde. Dann sollte ich es noch besser oder mindestens genauso gut hinkriegen. Leistungseifer zehrt an den Kräften und gründet darüber hinaus auf einer verzerrten Sicht davon, was echter Erfolg bedeutet. „Oft und viel zu lachen, den Respekt der Menschen und die Zuneigung der Kinder zu gewinnen, sich die

Wertschätzung ehrlicher Kritiker zu verdienen und den Betrug falscher Freunde zu ertragen, Schönheit zu schätzen, in anderen Menschen das Beste hervorzulocken, eine Welt zu hinterlassen, die dank eines gesunden Kindes, eines kleinen Gartens oder verbesserter sozialer Verhältnisse ein bisschen besser geworden ist, zu wissen, dass wenigstens ein lebendiges Wesen leichter atmen konnte, weil es mich gegeben hat. Das bedeutet es, Erfolg gehabt zu haben", schreibt Ralph Waldo Emerson. Ein äußerst menschliches Maß für Erfolg, das in unser aller Reichweite liegt. Erfolg bedeutet, als Mensch zu wachsen und sein Leben Frucht bringen zu lassen.

Carl Gustav Jung sagte einmal, Erfolg sei der größte Feind der Veränderung: Durch ihn versuche man nämlich, sich auf Kosten seiner persönlichen Entwicklung in einem Zustand zur Ruhe zu setzen. Wahren Erfolg zu haben bedeutet allerdings, Fort-Schritte zu machen, am besten in eine Richtung, für die man sich selbst entschieden hat. Was bereichert denn dein Leben und gibt dir das Gefühl, das, was du tust, sei sinnvoll? Die Art und Weise, wie du diese Frage beantwortest, offenbart *dein* Bild vom Erfolg, und das ist das Einzige, was zählt. Einen so beschaffenen Erfolg erlangen wir, indem wir selbst festlegen, was für uns wichtig ist, um dann dort unser ganzes Herz hineinzulegen: nicht um zu beweisen, dass wir besser sind als alle anderen, sondern lediglich um mit unserem eigenen Licht leuchten zu können.

Ich habe früh gelernt, die sichtbare Seite des Erfolgs zu bewundern. Ich habe gelernt, unkritisch zu Autoritäten aufzuschauen und berühmte Menschen zu idealisieren, ganz unabhängig davon, wofür sie bekannt waren. Ich brauchte lange, bis ich an der Vorstellung rütteln konnte, dass das gewöhnliche Leben, das die meisten Menschen führen, nicht viel hermacht. Wir können den Erfolg anderer nicht zu unserem eigenen machen. Auf das Gewöhnliche herabzuschauen bedeutet, sein eigenes Dasein zu unterschätzen und seine Möglichkeiten zu vergeuden. Unter *gewöhnlich* versteht das Wörterbuch „etwas, das nicht bemerkenswert ist und oft vorkommt". Die Betonung liegt dabei auf dem Durchschnittlichen und Alltäglichen. Als Synonyme werden angeboten „ordinär, häufig, mittelmäßig, traditionell, konventionell" – Wörter, die unleugbar ziemlich stumpf klingen, vergleicht man sie mit den spritzigeren „einzigartig, außerordentlich, originell, außergewöhnlich, speziell und auffallend", die als Synonyme für *ungewöhnlich* aufgeführt werden. So lange, bis wir nachgedacht und erkannt haben, dass es sich um ein „sowohl – als auch" und nicht um ein „entweder – oder" handelt. Jeder von uns stellt eine eigene Mischung aus gewöhnlich und ungewöhnlich dar. Und genau das macht uns zu Charakteren.

Alles, was in unserem Leben geschieht, kann zu einem höheren Bewusstsein von dem Ruf beitragen. Die meisten von uns haben genug Raum zum Wachsen. Es gibt mehr, was Sie dem Leben abgewinnen, und sicher noch viel mehr, was Sie geben können. Das „alte Gewöhnliche" steckt voller Kostbarkeiten. Die Zeichen, die die Richtung weisen, in die wir gehen sollen, lassen sich normalerweise im gewöhnlichen Leben erkennen. Dort beginnt der Weg. Verachte nicht die Kleinigkeiten, die geschehen. Ein einziger tastender Schritt kann ausreichen, damit aus einem Anlauf eine gewaltige Bewegung entsteht. Wer auf das außerordentliche Geschehen, auf den magischen Augenblick, die alles verändernde Begegnung oder auf etwas, wovon man sonst meint, es werde das Leben verändern, wartet meist vergeblich. Der Schlüssel zum Ruf befindet sich wahrscheinlich mitten in dem Leben, das wir bereits führen. Manchmal stoßen wir ohne jede Schwierigkeit auf ihn, manchmal suchen wir ihn lange. Er kann sich an einem Ort verbergen, an dem wir ihn am wenigsten erwartet haben. Unserem Ruf zu folgen muss nicht bedeuten, dass sich unser Leben radikal verändert, jedenfalls nicht, wenn es sich um die äußeren Formen handelt. Sicherlich kommt es vor, dass uns ein Orkan erwischt und gehörig durchrüttelt. Oft reicht jedoch eine leichte Brise aus, um uns zur Umkehr zu bewegen. Manchmal erweist sich ein Ruf als eine Aufforderung, unseren Alltag umzuwerten und unser Leben mit größerem Respekt zu betrachten. Wir haben einen maßlosen Anspruch, der es uns schwer macht, den Wert in dem zu erkennen, was uns das Leben bereits schenkt. Wenn wir die Bedeutung, die im Gewöhnlichen liegt, nicht sehen, fehlt uns auch der Blick für dessen Potential. Folgende Zeilen, die ich in einer alten Zeitung unter der Überschrift „Ein gewöhnlicher Tag“ las, brachten mich zum Nachdenken. „Nur ein gewöhnlicher Tag. Ein gewöhnlicher Tag! Was für ein Schatz! In Kriegszeiten oder wenn der Tod um die Ecke lauerte, haben die Menschen in den Staub gegriffen und sich an Tage wie diesen erinnert. In Zeiten von Krankheit und Plagen haben die Menschen ihr Angesicht ins Kissen vergraben und geweint um den Verlust eines Tages, wie dieser einer ist. Wenn Menschen zu Einsamkeit und Abschied gezwungen wurden, haben sie gespannt auf Tage wie diesen gewartet. In Zeiten von Hunger, Heimatlosigkeit und Elend haben die Menschen ihre Hände zum Himmel gehoben und überlebt, um einen Tag wie diesen erleben zu können. Gewöhnlicher Tag, lass mich dessen bewusst sein, was du für ein Schatz bist. Lass mich nicht an dir vorbeihasten im Streben nach einem perfekten Morgen. Lass mich in dir sein, solange ich kann, denn das Leben sieht nicht immer aus wie jetzt. Eines Tages werde vielleicht ich in den Staub greifen oder mein Angesicht im Kissen vergraben, werde vielleicht ich voller Spannung warten oder meine Hände zum Himmel heben und mir mehr als alles andere wünschen, dass du wiederkehrst.“ Unseren Alltag in den Brennpunkt zu stellen, kann den Ruf deutlicher machen. Doch das bedeutet eine konkrete und zuweilen harte Arbeit.

Viele von uns leben unter ständigem Druck. Das Tempo unseres Alltags kann es uns schwer machen, für Gedanken und Überlegungen über unseren Weg Platz zu schaffen. Die Anforderungen sind hoch und mitunter entgegengesetzt. Wo findet sich da Platz für den Ruf? Wenn sich dieser allmählich zu erkennen gibt, können wir uns fragen, was da gerade geschieht. Warum tauchen diese Gedanken gerade jetzt auf? Was geschieht da mit mir, und was hat es für eine Bedeutung? In uns tummeln sich Gedanken und Gefühle. Eine Möglichkeit, das Durcheinander wieder zu ordnen, besteht darin, dass wir unsere Aufmerksamkeit auf unsere täglichen Gewohnheiten richten, um bewusster zwischen dem Wesentlichen und dem Unwesentlichen, zwischen dem, was Freude bringt, und dem, was Energie raubt, trennen zu können. Diesen Unterscheidungsprozess können wir in Gang setzen, sobald wir den Ruf erahnen.

Gib allem, was in dir ist, eine Stimme. Du kannst deinen Gefühlen nicht vorausgehen; sie müssen ihren eigenen Lauf nehmen, auch wenn es dir schwer fällt. Halte dich so offen wie möglich für das, was in dir und in deiner Welt geschieht. Und bereite dich mental darauf vor, an dem Tag, an dem es sich als notwendig erweist, einen Schritt zu tun. Du kannst in aller Gemächlichkeit eilen. Noch gibt es keine bestimmten Ziele. Das Neue braucht Zeit zu reifen, lass es sich dir in seinem eigenen Tempo nähern. Die Kunst liegt darin, die Besinnung zu wahren und die Perspektive nicht zu verlieren. Dieser Prozess erinnert ans Autofahren im Dunkeln. Die Scheinwerfer können nur das nächstliegende Wegstück beleuchten. Es ist zu dunkel, um den gesamten Weg zu überschauen. Man kann sich jedoch wach halten, dem Weg folgen und darauf vertrauen, dass er in die richtige Richtung führt. Sonst musst du die Richtung ändern, sobald es hell geworden ist und du klar sehen kannst. In ihrem Buch *Listening hearts: Discerning call in community (Lauschende Herzen: Den Ruf erkennen in Gemeinschaft)* beschreibt Suzanne G. Farnham eine Gruppe von Menschen, die sich zwei Jahre lang regelmäßig getroffen haben, um einander verstehen zu helfen, was in ihrem Leben wichtig war und wohin jeder von ihnen unterwegs war. Das Buch gibt einen spannenden Einblick in das, was geschieht, wenn sich diese Menschen entschließen, sich gegenseitig beim Erkennen ihres Rufes zu unterstützen. Der Ruf ist eine Aufforderung, „dem Leben zu gehorchen", seine Aufgabe auf sich zu nehmen und seinen Weg zu gehen. *Gehorchen* hängt mit *hören* zusammen. Seinen Ruf zu erkennen, besteht zu einem wichtigen Teil daraus, in sich „hineinzuhorchen" und nachzudenken. Alle Arten von Intelligenz – IQ, EQ und SQ – ebenso wie Lebenserfahrung, Kreativität und gesunder Menschenverstand spielen in der Arbeit dieses Erkennens eine Rolle. Wie ich im Kapitel *Ängste und Herausforderungen* beschrieben habe, können wir nicht damit rechnen, dass etwas ein Ruf ist, nur weil wir es gerne tun oder weil wir uns daran gewöhnt haben, es zu tun – oder weil wir etwas gut können oder den Rat bekommen haben, es zu tun. Der Schein kann trügen. Es mag sogar sein, dass etwas, was wir besonders gut tun, ein Hindernis dafür ist, zu tun, was noch viel passender wäre – und was vielleicht der Ruf ist. „Etwas gut zu tun, kann das größte Hindernis dafür darstellen, etwas zu tun, was viel besser ist", behauptet Suzanne G. Farnham. Durch das Erkennen beleuchten wir alle Aspekte eines persönlichen und manchmal mühsamen Prozesses. Wie sich der Ruf genau äußert, hängt davon ab, wer wir sind und wie wir leben. Mag sein, dass wir unzufrieden sind mit dem Leben, das wir gegenwärtig führen. Vielleicht empfinden wir eine Sehnsucht, die wir nicht verstehen können, die sich jedoch nicht stillen lässt. Vielleicht tauchen Gedanken auf, die sich nicht verscheuchen lassen. Oder wir haben den Eindruck, an einer Weggabelung zu stehen. Manchmal ist es eine einzelne Handlung, manchmal eine lange Reihe von Umständen, die als Katalysatoren für die Entstehung einer Bewegung und für eine Wegweisung dienen. Im Rückspiegel betrachtet ist es nicht ungewöhnlich, dass wir einen Punkt festmachen können, an dem wir uns zum ersten Mal des Rufs bewusst wurden. Einen Punkt, der das Neue kundgibt, so wie die ersten Huflattiche den Frühling ankündigen.

Der Ruf gibt uns eine Richtung. Unseren eigenen Weg zu gehen, gibt uns Kraft. Gleichgültigkeit, Selbstsucht und Apathie finden hier keinen Platz. Das tragende Gefühl ist der innere Frieden. Nicht in dem Sinne, dass wir uns danach nie wieder unsicher fühlen würden oder dass unser Leben nun frei von Turbulenzen wäre. Der richtige Weg ist nicht immer der einfache Weg. Wir erlangen jedoch dadurch Seelenfrieden, dass das, was wir tun, mit dem Menschen übereinstimmt, der wir im Grunde sind. Hierin liegt eine Quelle des Glücks, die zwar vorübergehend gestört, niemals jedoch von äußeren Umständen gänzlich zerstört werden kann. Richtung und Ruhe ersetzen die frühere Erfahrung der Desorientierung.

Der Ruf ist immer relativ und sehr persönlich. Jeder Ruf ist einzigartig, und auch jede Art, ihn zu bejahen. Es geht dabei nicht immer darum, etwas Neues zu gestalten. Es geht vielleicht nicht einmal darum, überhaupt etwas zu *tun;* es kann dabei ebenso gut um den Ruf gehen, auf eine andere Art und Weise zu *sein.* Eine schwere Krankheit oder irgendeine andere Krise, die das Leben radikal beeinflusst, erweist sich nicht selten als ein allmähliches Entdecken neuer Werte. Was in eine negative Richtung zu weisen scheint, kann uns in Wirklichkeit ganz woanders hinführen, als wir dachten. Dies wissen wir erst danach. Eines ist sicher: Nicht das, was mit einem Menschen geschieht, ist ausschlaggebend, sondern der Sinn, den es in seinem Leben bekommt. Zwei Personen können vor derselben

Entscheidung stehen, beispielsweise sich als Freiwillige in einem Krisengebiet zu melden. Für den einen mag es richtig sein, zu Hause zu bleiben und seine Zeit seiner Familie zu widmen, für den anderen mag es besser sein, ein destruktives Familienmuster zu durchbrechen und wegzugehen. Der Gedanke, eine solche Arbeit auf sich zu nehmen, ist an sich gut. Das, was für den einen ein Ruf ist, mag jedoch für den anderen einen Fluchtweg darstellen. Das weiß man erst, wenn man seine Entscheidung untersucht.

Frage heißt auf Englisch *question*, ein Begriff, der seine Wurzeln in einem lateinischen Wort hat, das unter anderem „suchen“ bedeutet. Strengen Sie sich nicht an, die Antwort zu finden. Lassen Sie die Fragen in Ihnen sein, während Sie Ihren täglichen Geschäften nachgehen. Die Art und Weise, wie wir Tag für Tag leben, bildet eine nie versiegende Quelle der Selbsterkenntnis. Wir haben die Chance, den Entscheidungsprozess in Gang zu setzen, indem wir über folgende Fragen nachdenken: Was habe ich für ein Bild oder eine Vision davon, wie das Leben sein wird, wenn ich diesen Schritt mache? Welche Gefühle werden in mir wach, wenn ich darüber nachdenke? Habe ich schon früher einen ähnlichen Schritt unternommen? Was glaube ich dabei zu gewinnen, und welche Risiken nehme ich in Kauf? Wie geht es mir heute, bin ich gestresst, gelangweilt oder müde? Habe ich zu viel oder zu wenig zu tun? Vermisse ich heute etwas in meinem Leben? Wie geht es meinem Körper, gibt er mir Signale, die ich beachten sollte? Welche Verpflichtungen, welche Versprechen, die ich halten muss, und welche Pläne, die verwirklicht werden müssen, habe ich? Wer wird sonst von meiner Entscheidung betroffen? Wie denke ich, werden sie reagieren, und wie bedeutend sind sie für mich? Kommt, wenn ich an meine Zukunft denke, Geld, Prestige oder Popularität irgendeine Bedeutung zu? Welches ist mein stärkstes Motiv, um einen neuen Schritt zu tun?

Ist das, was ich zu tun gedenke, wirklich nötig? Wie eilig habe ich es damit? Was sagen meine Träume und meine Intuition über den Weg, den ich mir vorstelle? Die letzte Frage hat große Bedeutung. Das Wort *Intuition* kommt vom lateinischen *intueri*, das so viel wie hinschauen, über etwas nachdenken bedeutet. Durch die Intuition erlangen wir eine andere Art von Wissen als das, was durch die Logik entsteht.

Wenn wir über den Ruf nachdenken, kann es von Nutzen sein, auf unser früheres Leben zu schauen, um die Wahrheit über uns selbst zu vertiefen und, bevor wir eine Wahl treffen, mehr Klarheit zu erlangen. Welche Wendepunkte gab es, die du im Nachhinein als solche erkennst und die die Richtung beeinflusst haben, die dein Leben nahm? Erkennst du Muster in deiner Art zu agieren und zu reagieren in Bezug auf das, was sich in deinem Leben ereignet? Hast du bereits begonnen, dich in eine bestimmte Richtung zu bewegen, ohne es verstanden zu haben? Es kann dir gut tun, dich systematisch zu beobachten, indem du einen Tag lang alles, was dir in den Weg kommt, unparteiisch betrachtest. Alles, was geschieht – selbst das noch so Geringe – trägt eine Botschaft in sich. Versuche, dir am Ende eines jeden Tages alles, was geschehen ist, detailliert und der Reihe nach vorzustellen. Wie hast du dabei empfunden und wie empfindest du jetzt, wenn du dich daran erinnerst? Indem du Beobachter deiner selbst bist und dir vor Augen hältst, was du in deinem Leben tust, was du früher getan hast und was du heute zu tun geneigt bist, kannst du eine tiefere Auffassung von dem erlangen, wer du bist und wer du sein könntest. Bevor man seine Talente benutzen kann, muss man an ihre Existenz glauben. Es mag Türen geben, die du noch nicht geöffnet und vielleicht noch nicht gesehen hast. Entstelle nicht die Wirklichkeit, sondern suche mutig die Wahrheit über dich selbst. Viele leiden vielleicht deshalb unter alten Wunden, die niemals die Chance bekommen zu heilen, weil sie niemals akzeptiert haben, dass es sie gibt. Dag Hammarskjöld spricht davon, den *Weg der Möglichkeit* zu gehen und nicht nur für das bereits Geschehene, sondern auch für das offen zu sein, was geschehen kann. Die Kunst besteht darin, dem Möglichen gegenüber aufnahmebereit und neugierig zu bleiben; dabei sollten wir nicht so sehr an den Gedanken an eine augenfällige Veränderung festhalten, dass wir gar nichts hören können, falls es sich herausstellen sollte, dass unser Ruf darin besteht, auf der Stelle zu bleiben und dort zu wirken, wo wir uns gerade befinden. Es kann sein, dass unsere Aufgabe darin liegt, in dem Leben, das wir bereits führen, etwas Bestimmtes zu vertiefen und weiterzuentwickeln. Wenn wir so sehr darauf eingestellt sind, dass der Ruf bedeutet, etwas ganz anderes zu tun, als wir gegenwärtig tun, können wir dies leicht missverstehen.

Wir sollten uns vernünftigerweise davor hüten, Beschlüsse rückgängig zu machen, Versprechen zu brechen oder Verpflichtungen nicht einzuhalten, vor allem wenn Kinder im Spiel sind, die von unseren Entscheidungen betroffen sind. Der Auftrag kann richtig sein, der Zeitpunkt jedoch falsch. Gib Acht auf alle Neigungen zu fliehen. Mit raschen Schritten auf ein bestimmtes Ziel zuzugehen, kann man leicht mit der Flucht aus einer Situation verwechseln, mit der man nicht zurechtzukommen meint. Eine Flucht kann einen kurzfristigen Gewinn bringen, auf lange Sicht mag sie jedoch teurer sein, als einem lieb ist. Der Ruf gründet nicht auf einer Flucht vor der Wirklichkeit. Ich glaube auch, dass wir uns davor hüten sollten, Fristen festzulegen und andere künstliche Rahmen aufzustellen, wenn wir über unsere Zukunft nachdenken. Das innere Leben lässt sich nicht in ein Schema pressen. Der Ruf ist kein gewöhnlicher Entscheidungsprozess. Überhitzte Gefühle sowie eine allzu starke Sehnsucht können die tieferen Motive hinter dem Ruf verdecken. Wir können uns weder in unseren Ruf „hineindenken“ noch in ihn „hineinfühlen“, das Rationale und das Irrationale müssen frei zusammenspielen können. Spekulationen sind dabei inbegriffen. Das Wort kommt vom lateinischen *speculum*, Spiegel, ein Bild, das Nachdenken und Versunkensein suggeriert – hier handelt es sich darum, Gedanken zu verdauen, Umwege zuzulassen, Dinge hin- und herzudrehen. Sie können nicht felsenfest davon überzeugt sein, was richtig ist, das wissen Sie erst, wenn Sie etwas ausprobiert und dem nachgespürt haben. Seien Sie sich die ganze Zeit dessen bewusst, dass es nicht nur darum geht, dass etwas für Sie gut ist, sondern dass es auf irgendeine Weise auch anderen nutzen soll. Falls Sie sich angesichts Ihrer Entscheidung gespalten fühlen, sollten Sie wissen, dass dies, vor allem in der Anfangsphase, normal ist. Gehen Sie versuchsweise einen Schritt zur Seite und warten Sie, bis es heller wird. Es kann sein, dass Sie von dem Gedanken, was *geschehen müsste*, in die Irre geführt werden und das verfehlen, was *gerade* in Ihrem Leben *geschieht*. Wachstum braucht seine Zeit. „Alles, was schnell ins Kraut schießt, verdorrt auch wieder schnell", schreibt Anselm Grün. Die Fähigkeit, geduldig zu warten, scheint in unserer Zeit im Schwinden begriffen zu sein. „Die Eile hat der Teufel erfunden", lautet ein türkisches Sprichwort. Nehmen Sie sich das Recht, es ruhig angehen zu lassen. Der Entscheidungsprozess soll seinen gewohnten Gang gehen, ganz ohne Hetze. So leicht lockert der Ruf nicht seinen Griff. Darauf können Sie sich verlassen.

Hilfe, um durchzuhalten

Eines Nachts im Winter wachte ich auf und hatte Durst. Noch halb schlafend taumelte ich aus dem Bett und tappte in die Küche. Die Uhr zeigte halb vier. In der Diele blieb ich stehen. Ich meinte, auf der Treppe Schritte und ein Stöhnen zu hören. Wir wohnen ganz oben in einem kleinen Haus mit wenigen Nachbarn. Kam einer von ihnen gerade von einem Fest? War es ein Fixer, ein Einbrecher? Wer auch immer die Treppe heraufkam, er blieb vor meiner Tür stehen und seufzte tief. Eine Männerstimme brummelte Worte, die ich nicht verstand. Ich stand da und wusste keinen Rat, und ich hatte Angst. In dieser Nacht war ich allein zu Hause. Plötzlich gab es ein Poltern, und die Zeitung fiel in den Briefkasten. Für einen Augenblick war es still. Und dann hörte ich das Weinen. Was sollte ich tun mitten in der dunklen Nacht, eine schlaftrunkene Frau, nur mit einem Nachthemd bekleidet? Die Tür öffnen und mich zeigen? Etwas durch den Briefkastenschlitz hindurch sagen? Was sollte ich da sagen, und wie würde er reagieren? Mitten in dem ganzen Elend stellte ich mir das Komische an der Situation vor. Wer war denn dieser Zeitungsbote, und worin bestand seine große Verzweiflung? Was sollte und was wollte ich tun? Ich versuchte mir vorzustellen, wie es ist, genötigt zu sein, mitten in der Nacht, wenn alle anderen schlafen, hinauszugehen und treppauf treppab Zeitungen zu verteilen. Fühlt man sich da als der einsamste Mensch auf der ganzen Welt? Plagen einen die Dämonen, die man tagsüber in Schach hält? Das werde ich nie wissen: Während ich dastand und mich ängstigte, ging er die Treppe hinunter und hinaus in die Nacht. Ich hatte nur wenige Meter entfernt von einem tief betrübten Menschen gestanden, ohne einen Finger zu rühren. Es war nicht nur eine schwere Wohnungstür, die uns voneinander trennte – jeder von uns stand auf seiner eigenen Seite des Abgrunds. Und nur ich wusste davon. Danach lag ich in meinem Bett und wälzte mich hin und her vor lauter Angst angesichts seiner Ausgesetztheit und meiner Unfähigkeit, ihm zu begegnen. Noch heute weiß ich nicht, ob es möglich oder vernünftig gewesen wäre, anders zu handeln. Aber ich hatte mir das zweifellos so ausgesucht. Ich spürte eine große Einsamkeit, die ich von anderen Situationen im Leben her kenne. Es war die Erinnerung an ein Gefühl, vor dem ich mich fürchte und das ohne Vorwarnung kommen und mich in starkes Schwanken versetzen kann.

In seinem Buch *O God why? (Warum nur, oh Gott?)* benutzt der Theologe und Autor Gerard W. Hughes zwei englische Wörter – *consolation* und *desolation* – die einem helfen können durchzuhalten, wenn man in diese Situation gerät. Beide kommen aus dem Lateinischen (*consolation* von *consolare*, trösten, und *desolation* von *desolare*, verlassen). Während *consolation* ein Gefühl von Vertrauen erweckender Gemeinschaft und Nähe bedeutet, stellt *desolation* das Erleben von Einsamkeit, Verzweiflung und Mangel dar: Trostlosigkeit lag in jener Nacht in der Luft. Das ins Deutsche oft als „Trost" übersetzte *consolation* ist eine im Gegensatz zur *desolation* – der „Trostlosigkeit" – im Grunde aufbauende und kreative Gemütsverfassung. Sie weckt Mitgefühl und Sympathie und bewirkt, dass wir uns einander zustatt voneinander abwenden, uns umeinander kümmern und Zuversicht empfinden. Wir sind empfänglich für Eindrücke von außen, aber auch hellhörig für das, was aus der Tiefe emporsteigt. Alles fließt, wie es soll. Wir erahnen einen Sinn und erkennen Möglichkeiten. Im Zustand des Trostes nähern wir uns dem, was das Beste in uns ist. Es ist nicht ungewöhnlich, dass gerade in dieser Situation der Ruf Gestalt annimmt. Trost ist ein Hoffnung gebender Zustand, der dennoch selten besonders lange währt, vor allem dann nicht, wenn er am dichtesten und intensivsten ist. Wir brauchen ihn nur zu bejahen und uns diesem Augenblick des Friedens und der Zuversicht hinzugeben – und daran zu denken, ihn im Gedächtnis zu behalten. Wenn sich Trost in sein Gegenteil, in Trostlosigkeit verkehrt, kann es verlockend sein, sich einzubilden, dass es nie etwas anderes gab und dass die Wirklichkeit aus diesem zerstörerischen, verzehrenden Zustand besteht, der jede Freude und Zuversicht zu Grunde richtet. Im Zustand der Trostlosigkeit wendet man sich von der Welt ab und wird auf sich selbst zurückgeworfen.

Statt aus der vollen Kraft seines Herzens zu leben, geht man auf Sparflamme. Zuversicht ändert sich in Misstrauen, Licht wird durch Dunkelheit ersetzt, Integrität verwandelt sich in Unsicherheit und Selbstmitleid. Trostlosigkeit sei relativ, hebt Hughes hervor. Wenn man sich eine Skala von null bis zehn vorstellt, steht die Null für das bodenlose Loch, die verheerendste Form von Trostlosigkeit, wenn in der Seele tiefe Nacht herrscht. Die Zehn auf dieser Skala stellt eine extreme Labilität mit manischen Gefühlsschwankungen dar, ohne einen festen Punkt, an den man zurückkehren könnte. Die Fünf, die Mitte der Skala, steht für Gegenwart und Harmonie mit sich selbst. Zwischen vier und sechs zu pendeln, gehört zur Normalität; denn es ist unrealistisch zu glauben, dass man immer vollkommen im Gleichgewicht sein kann. Sich auf der Skala zwischen null und drei beziehungsweise zwischen sieben und zehn zu befinden, bedeutet in der Trostlosigkeit zu sein, meint Hughes. Wer sich hier aufhält, ist entweder dabei, in seiner eigenen Hoffnungslosigkeit zu ertrinken oder in einer Hyperaktivität umherzutaumeln, die jede Klarheit und jede vernünftige Entscheidung unmöglich macht. In einem solchen Wirrwarr kann nichts Wurzeln schlagen. Allein die eigenen aufgeriebenen Gefühle finden hier ihren Platz. Eine Position von null bis drei auf dieser Skala bedeutet Depression und im schlimmsten Fall die allerschwärzeste Trostlosigkeit. Von sieben bis zehn nimmt das Maß an Labilität und manischer Hyperaktivität zu. An beiden Gegenpolen raubt die Ichbezogenheit dem Menschen alle Zeit und Energie. Er hat zu kaum etwas anderem Kraft, als an sich selbst zu denken.

Hughes warnt davor, im Zustand der Trostlosigkeit Entscheidungen zu ändern, die man im Zustand des Trostes getroffen hat. Das bedeutet nicht, dass man gefasste Beschlüsse nicht überprüfen kann, man sollte es lediglich nicht dann tun, wenn man von der Trostlosigkeit ergriffen ist. Eine Entscheidung also, die man in Zeiten des Trostes getroffen hat, sollte man in eben demselben Zustand ändern. Wenn man sich nämlich in den Fängen der Trostlosigkeit befindet, liegt der Zweifel auf der Lauer. Man findet alle möglichen Gründe, warum man das, was man beschlossen hatte, nicht vollenden möchte. Pechschwarze Szenarien entstehen, und man sieht verheerende Folgen dessen, was man früher positiv betrachtete. Das Einzige, was man tun kann, ist, so gut es geht auszuharren, in dem Wissen, dass selbst die schlimmste Trostlosigkeit zeitlich begrenzt ist und das sie uns in der Tat voranbringen kann – wenn wir uns ihr nicht ergeben. Für den, der es schafft, gerade zu stehen und zu warten, leuchtet im Kern der Dunkelheit selbst ein Licht. Im Zustand der Trostlosigkeit kann es ein Trost bedeuten festzustellen, dass das, was man im Zustand des Trostes erlebt hat, immer noch da ist. Gute Erfahrungen verschwinden nicht. Sie tauchen nur unter das Eis, wo sie im Verborgenen wirken.

Ich glaube, viele von uns können sich in den Schwankungen zwischen Trost und Trostlosigkeit wiedererkennen. Sicherlich ist die Trostlosigkeit ein unangenehmer Zustand; das bedeutet jedoch nicht, dass er nur negativ ist, ebenso wie man nicht sagen kann, der Zustand des Trostes sei vorbehaltlos positiv. Beide stellen unterschiedliche Anforderungen an uns. Was diese Zustände mit uns anrichten, hängt ganz davon ab, wie wir uns ihrer bedienen. Um besser zu verstehen, was diese Zustände für uns selbst bedeuten, schlägt Hughes eine einfache Übung vor. Nimm ein Stück Papier und falte es in der Mitte. Setze auf der linken Seite eine Spalte an mit der Überschrift „Was mich mit Leben erfüllt“ und auf der rechten Seite „Was das Lebendige in mir erstickt“. Lass danach den Stift sich ungehemmt auf dem Papier bewegen. Schreib genau das, was dir einfällt. Es kann eine Erinnerungsstütze bedeuten zu sehen, welche Worte auf dem Papier festgehalten wurden – Worte, die vielleicht eine Botschaft von deinem Ruf in sich tragen.

Wenn man sich dem widmet, was Sinn hat, wird Energie frei. Wer seinen eigenen Weg geht, wird für gewöhnlich von Leben erfüllt. Viele Menschen, die über den Ruf geschrieben haben, haben sich daran gehalten. So auch beispielsweise Greg Anderson, der in seinem Buch *Gehe deinen Weg, lebe deinen Traum* den persönlichen Auftrag mit Hilfe einer Gleichung beschreibt: *Vision + Dienen x Glut und Freude = Auftrag.* Die Vision, der erste Bestandteil der Gleichung, bedeutet, ein Gefühl für eine Möglichkeit zu haben, die noch nicht Wirklichkeit wurde. Man fühlt, dass man noch nicht fertig ist, dass man ein Potential besitzt, dass man, bevor man sich zur Ruhe setzt, noch etwas zu verrichten hat. Dadurch bekommen wir eine Ahnung von einer denkbaren Zukunft, die optimistisch stimmt. Und dieser Optimismus ist ein Nährboden, in dem der Ruf ausgezeichnet gedeihen kann. Der Grund dafür ist die Selbstannahme. Sich um sich zu kümmern und sich so zu mögen, wie man ist, hängt mit der keimenden Einsicht zusammen, was man werden könnte. „Ich bin o. k., Gott, mach keinen Mist!“, sah ich auf einem Autoaufkleber in New York stehen. Hier hatte jemand das Kind bei seinem Namen genannt. Ohne Selbstachtung kommen wir nicht weit.

Eine Vision zu haben bedeutet: eine Richtung zu wählen, ohne zu wissen, wo man schließlich landet. Während der Reise geschieht vieles, was Einfluss darauf hat, wie und wohin man sich hinbewegt. Es kann passieren, dass sich Menschen in unserer Umgebung, sobald sie merken, dass wir in Bewegung sind, gedrängt fühlen, uns ihre Meinungen und Ratschläge mit auf den Weg zu geben. Vielleicht haben sie uns etwas Vernünftiges zu sagen. Das können wir nicht wissen, wenn wir es von uns weisen und uns auf eine Position einschwören. Andere sehen den Weg, den wir zu gehen bestimmt sind, deutlicher als wir selbst. Selbstverständlich können nur Sie allein wissen, was Sie aus Ihrem Leben machen möchten; aber dennoch gibt es Erfahrungen und eine angesammelte Weisheit, von der wir Kenntnis nehmen sollten, wenn wir vor einer Wegwahl stehen. Wir können uns für das öffnen, was andere zu sagen haben, ohne uns dem notwendigerweise anzupassen. In einem der Elvis-Karlsson-Bücher von Maria Gripe fragt dieser seinen Großvater: „Was sollen aber die Leute denken?" Die Antwort lautet: „Das hat nichts mit *dir* zu tun, Elvis!" Der Großvater weiß, dass das, was wir von anderen denken, meist mehr über uns selbst als über sie aussagt. „Tanzen wir unseren eigenen Tanz oder reagieren wir auf die Musik anderer?", fragt Anderson. Diese Frage wird wichtig, wenn die Vision Form annimmt. Überhöhte Erwartungen, unmenschliche Forderungen, das Warten auf die perfekte Gelegenheit, die richtige geistige Verfassung oder die optimalen Bedingungen: So vieles kann uns dazu verleiten aufzugeben.

Eine Vision verwirklicht sich niemals von selbst. Zu sagen: „Das wird niemals funktionieren!" ist die beste Methode, unseren Mut sinken und die Vision sich abschwächen zu lassen. Sicherlich müssen wir vieles in Erwägung ziehen. Visionär zu sein bedeutet eine anspruchsvolle Gedankenarbeit zu leisten. Dennoch kommt der Augenblick, da der Gedanke in Handlung übergehen muss. „Es sind unsere Handlungen, die zählen. Ungeachtet unserer Vision müssen wir zu einem Punkt gelangen, an dem wir ganz einfach unser Bestes tun und zusehen, dass wir das tun, was wir tun müssen", schreibt Anderson. „Ganz ruhig!", „Sei vorsichtig!" und „Warte ab und schau erst mal …" müssen manchmal gegen „Jetzt leg ich los!" ausgetauscht werden, jedem klugen Wenn und Aber zum Trotz. Nun treten Vertrauen und Trost in den Vordergrund.

Neulich kam eine Frau auf mich zu und wollte mich begrüßen. Ich erkannte sie jedoch nicht wieder. Sie sei in den 1970er

Jahren, als ich an der Stockholmer Universität lehrte, meine Schülerin gewesen, sagte sie. Als sie mich jetzt sah, wollte sie mir für etwas danken, was ich vor dreißig Jahren gesagt hatte und was für sie ein Wendepunkt gewesen war. Sie ging einen neuen, unerwarteten Weg, der sich als der richtige erwies. Es wurde eine eigenartige Begegnung mitten in der Stadt. Wie konnte etwas, das ich vor so langer Zeit gesagt hatte – und an das ich mich gar nicht erinnerte – ein solches Gewicht haben? Ich verstand gar nichts und fühlte mich leicht verlegen. Ohne davon gewusst zu haben, war ich in ihrem Leben ein Werkzeug gewesen. Es geschieht vieles, was wir nicht begreifen. Wir müssen nicht alles verstehen, das uns passiert. Es reicht, wenn wir die Zuversicht haben, dass das, was wir in Echtheit und Aufrichtigkeit tun, Bedeutung hat und seine Spuren hinterlässt. Menschen sind lebenswichtig füreinander, ob wir dies nun wissen oder nicht. Wenn wir einander berühren, können Wunder geschehen.

Eine Vision, die einem selbst, nicht aber auch anderen nützt, ist nicht viel wert. *Dienen* ist der andere Bestandteil in Andersens Formel, ein Bestandteil von größter Wichtigkeit. Darauf weist auch eine Studie an der Harvard University hin, bei der eine Gruppe früherer Studenten vierzig Jahre nach ihrem Hochschulabschluss befragt wurde. Diejenigen von ihnen, die in ihrem Leben zu einer dienenden Einstellung herangereift waren, hatten es auch leichter, Widerstände zu akzeptieren und mit ihnen umzugehen, und nahmen das Leben mit Gleichmut und Gelassenheit. Dies stand in keinem Zusammenhang mit der Frage, wie viel Erfolg sie hatten oder wie viel Geld sie verdienten. „Letztendlich ist Glück vielleicht nichts anderes als Objektivität oder, mit anderen Worten, Freiheit, nämlich die Freiheit von der Selbsteingenommenheit und der Selbstbespiegelung, die Freiheit, einer anderen Sache als dem Egoismus und einem anderen Herrn als dem Ich-Tyrannen zu dienen."

Diese Sätze schreibt Bertil Malmberg in der Anthologie *Vad är lycka? (Was ist Glück?)*. Wir müssen das Ich, ohne es zu ersticken, in Schach halten.

Eine dienende Haltung will geübt werden. Eine Möglichkeit, sie am Leben zu erhalten, besteht darin, uns darauf einzustellen, jedem Menschen, dem wir in Laufe eines Tages begegnen, etwas zu schenken. Es kann sich dabei um etwas Konkretes handeln – um Geld, um irgendeinen Dienst oder um eine Blume. Vor allem aber geht es darum, dass wir anderen begegnen, indem wir uns ihnen selbst anbieten. Stehen bleiben und einige Worte wechseln, ihm unsere ganze Aufmerksamkeit schenken, wenn jemand redet, einen Gedanken, ein Lächeln oder ein stilles Gebet mit jemandem teilen – das sind nur einige Beispiele von unzähligen Möglichkeiten, im Alltag etwas von uns zu geben. Die Grundregel ist einfach: Gib anderen großzügig, was du selbst gerne hättest. Das erzeugt Freude. Teilen und Wachsen liegen in der Natur der Freude.

Die entfesselte Freude

Den dritten Bestandteil seiner Gleichung nennt Anderson Leidenschaft, die *glühende Freude*, die in uns liegt und auf ihre Freisetzung wartet. Auf dem Weg des Rufs kann sie zum Leben erweckt werden. Freude ist „ein beflügeltes Gefühl der Leichtigkeit (…) ein wunderbares Vitamin, ein Lebenselixier (…) ein Gefühl, das uns ganz macht und uns trägt", schreibt der Psychologieprofessor Wolf Hofsommer in einem Aufsatz über die Phänomenologie der Freude. Der Mensch ist dazu geschaffen, Freude zu empfinden. Schauen wir nur auf die Kinder. Freude ist der Grundton des Daseins. Wir haben ein Potential zur Freude, das selbst dann zum Ausdruck kommen kann, wenn das Leben am schlimmsten ist, zu einer Freude, die mit

Liebe und Barmherzigkeit zusammengehört und selbst ein leidendes Gesicht zum Strahlen bringen kann. Wenn wir Zugang zu ihr bekommen, werden wir erneuert; wir erweitern und öffnen uns füreinander und werden ganz lebendig. „Gottes Ehre ist der Mensch, der ganz lebt, und der Mensch, der ganz lebt, schaut Gott", schreibt Irenäus von Lyon um das Jahr 200. „Nimm dir Zeit, freudig zu sein, das ist die Musik der Seele", lautet ein altes isländisches Sprichwort. Wer sich einmal von der tiefen Freude hat durchströmen lassen, ist für alle Zeit von ihr geprägt.

Viele von uns haben den Kontakt zu der ursprünglichen Freude verloren. „Was für eine Freude?", sagen die Menschen: „Es gibt nicht viel Grund zur Freude in meinem Leben!" Sie sind so wenig an Freude gewöhnt, dass sie sie gar nicht erkennen, wenn sie sich einstellt. Sie sehen eher das Dunkle als das Helle, betonen das Düstere vor dem Glücklichen, tun eher das, was niederreißt, als das, was aufbaut. Manchmal bekomme ich das Gefühl, dass es sogar ein wenig suspekt ist, zu viel unverhüllte Freude zu zeigen. Die Reaktion der Umwelt kann sein: „Wogegen wehrt sie sich, was möchte sie übersehen? Was verbirgt sich hinter ihrem glücklichen Lachen?" Damit ist gemeint, dass es natürlicher ist, das Düstere zu sehen, als das Herrliche im Leben hervorzuheben. In der akademischen Psychologie ist die Freude ein wenig beachtetes Thema, und die Literatur über Freude im psychotherapeutischen Prozess zeichnet sich durch Abwesenheit aus.

Wir können nicht entscheiden, wann und wie wir von Freude erfüllt werden wollen. Sie kommt dann, wenn wir bereit sind, sie zu empfangen, und dies oft ohne Vorwarnung. Was wir tun können und sollen, ist, uns darauf vorzubereiten, sie anzunehmen, indem wir uns darin üben, offen und aufmerksam zu sein. Anderson nennt das eine „Liebesaffäre mit dem Leben". Nicht jede Freude ist, versteht sich, eine große Freude, und es ist auch nicht sicher, dass sie von einem Außenstehenden überhaupt als solche wahrgenommen wird. Ich glaube, dass die tiefste Freude eine Lebenshaltung ist, die wir lernen können. Es gibt eine jubelnde, sprudelnde Freude, die vor lauter Lust, sich fortzupflanzen, förmlich explodiert – aber auch eine andere, stille Freude, die mehr einem Summen als einem Choral von Bach gleicht, eine tiefe, innere Freude, die wir sozusagen in uns betten und für uns selbst behalten möchten.

Alltagsfreude ist ansteckend. Das Lachen eines Herzens weckt bei dem, der es annimmt, oft Freude. Ein kräftiges Lachen breitet sich rasch aus. In ihrem Buch *Vom Interesse und Sinn der Langeweile* zitiert Verena Kast eine Studie, in der Kindern ein Film vorgeführt wurde. Anschließend bekamen sie etwas Taschengeld, das sie nach Lust und Laune ausgeben konnten. Die Hälfte der Kinder sahen einen lustigen Film, der Rest einen traurigen. Als die Kinder das Gebäude verließen, stand jemand am Eingang, der behauptete, Geld für arme Kinder zu sammeln. Die Kinder, die den lustigen Film gesehen hatten, spendeten mehr Geld, als diejenigen, die traurig gestimmt waren.

Überall gibt es Augenblicke der Freude, manchmal näher, als wir glauben. Es ist jedoch leicht, an ihnen vorbeizugehen. Mach folgende Übung: Notiere die Namen a) der letzten fünf Menschen, die den Friedensnobelpreis gewonnen haben, b) aller Länder, die zur EU gehören, c) der Sieger der letzten zehn Jahre im Skilanglauf, d) der Siegernummer beim letzten Schlagerfestival und e) sämtlicher Minister der aktuellen Regierung. Es fällt nicht so leicht, alles vollständig aufzuzählen. Tagtäglich werden wir mit Massen von Informationen konfrontiert. Das Vergnügen des Augenblicks wird ständig ersetzt. Selbst die positivsten Eindrücke werden weggewischt. Schreib jetzt einige Namen auf von a) Lehrern, die dir Mut gemacht haben, b) von Freunden, die dir in einer schwierigen Situation beigestanden haben, c) von Menschen, von denen du etwas Wichtiges gelernt hast, d) von Personen, die dir das Gefühl gegeben haben, geschätzt und geliebt zu werden. Solche Dinge vergisst man kaum. Was echte Freude geschaffen hat, gräbt sich in die Seele ein.

Ich schlage vor, dass du dir einen Moment Zeit nimmst und darüber nachdenkst, was du selbst unter Freude verstehst. Was hast du für Erfahrungen damit? Wann wirst du von Freude erfüllt? Was schafft und was verhindert Freude in deinem Leben? Wann hast du zuletzt Freude empfunden? Deine Antworten können dir dabei helfen, auf deinen Ruf zu antworten.

Wahre Freude kann nicht auf die Zukunft verschoben oder in genau den Portionen genossen werden, die wir für passend halten. Sie hat ihre Heimat im Jetzt. Vor einem englischen Pub auf dem Lande soll ein Schild gestanden haben mit der Aufschrift: „Morgen gibt's hier Freibier!" Am nächsten Öffnungstag standen vor dem Pub eine Menge erwartungsvoller Gäste. Das Schild stand aber immer noch da: „Morgen gibt's hier Freibier!" Morgen also, nicht heute.

Ich erinnere mich daran, wie eines unserer Enkelkinder, Jakob, erfahren hatte, dass er am nächsten Tag Geburtstag hatte. Seine ersten Worte, als er aufwachte, waren: „Mama, ist heute morgen?" Es ist selbstverständlich niemals morgen, es ist immer heute. Bei Marathonläufern soll es einen Punkt geben, jenseits dessen die Schmerzen, der Kampf und die Selbstüberwindung in Ruhe und Harmonie übergehen, in einen Ort der Ruhe mitten im Wirbel. Nicht mehr das Gewinnen, sondern das Laufen ist die Hauptsache. Das Dasein verdichtet sich, die Gedanken werden ruhig, die Grenzen lösen sich auf. Alles ist ein Ganzes. Der Augenblick selbst ist genug.

Neulich geschah etwas, das mir richtig Freude bereitete. „Oh, was bin ich glücklich!", dachte ich – um dann sofort zu merken, wie die intensive Freude einen kleinen Dämpfer bekam und ein wenig von ihrer Glut verlor. Freude kommt nicht auf Kommando, genauso wenig, wie man sie festhalten kann.

„Wir können das Glück nicht dazu zwingen, zu uns zu kommen, oder besser: Wenn wir es versuchen, so entflieht es uns. Das Einzige, was wir tun können, ist, es nicht zu vertreiben und die Räume unserer Seele in einem solchen Zustand zu halten, dass es sich bei uns wohl fühlt"; schreibt Alf Ahlberg in der vorhin erwähnten Anthologie *Vad är lycka? (Was ist Glück?)*.

Es gibt eine Menge Menschen, die von außen gesehen alle Voraussetzungen mitbringen, in ihrem Leben glücklich zu sein. Sie sind begabt mit Schönheit, Berühmtheit, Geld, Eigentum, Privilegien, Zukunft, Wohlstand, Genüssen, Gesundheit, Beziehungen und Jugend. Dennoch sind sie nicht glücklich. Wir können uns so sehr damit befassen, über das zu klagen, was wir *nicht* haben, dass wir vergessen, das zu sehen und dankend anzunehmen, was wir *haben*. In der materialistischen Gesellschaft sind wir nicht besonders geschickt darin, zwischen dem zu unterscheiden, was etwas kostet, und dem, was es wert ist. Das, was am meisten kostet, beschert uns vielleicht gar keine Freude. Nicht der Preis ist das Wichtigste. Es ist einfach, an der Freude vorbeizugehen. Ich glaube, dass wir uns oft in ihrer Nähe befinden, ohne sie zu erkennen.

Wir sollten Acht geben auf die Freude in unserem Leben. Sie verträgt es nicht, sorglos behandelt zu werden. Wenn wir nachlässig mit ihr umgehen, indem wir sie für selbstverständlich halten oder ihr feste Zügel anlegen, können wir die Freude zerstören. Die wichtigsten Freudentöter seien Aufregung, Selbstmitleid und der Vergleich mit anderen, schreibt Greg Anderson. Dem möchte ich Arroganz, Selbstbezogenheit und übertriebenen Ehrgeiz hinzufügen. Eine sichere Art, auf dem Weg des Rufs in die Irre zu gehen, besteht darin zu glauben, man habe das, was man tun sollte, bereits getan und das Ziel ein für alle Mal erreicht. Das Interesse schwindet, und die Routine nimmt überhand; und sie verwandelt die glühende Freude in triste Langeweile.

Wolf Hofsommer beschreibt einen „Freudenzirkel“ in Form eines Rads, dessen Nabe die menschliche Sehnsucht nach Ganzheit und Sinn bildet. Die Radspeichen sind: 1) *dem Leben gegenüber achtsam sein*, indem man eine offene, absichtslose, annehmende Haltung an den Tag legt (statt Misstrauen und Abwarten), 2) *Freude empfinden und mitteilen*, indem man im Großen wie im Kleinen das *Leben feiert* (statt angespannt und verschlossen zu sein), 3) *Dankbarkeit in seinem Leben zu einer Gewohnheit machen* (statt freudlos, bitter und unbefriedigt zu sein), 4) *die Weisheit besitzen zu wissen, wann man die Freude loslassen muss*, und darauf vertrauen, dass sie in einer neuen Gestalt, zu einem anderen Zeitpunkt wiederkehrt.

Tief engagiert zu sein in etwas, das sinnvoll erscheint, ist eine Quelle wahrhaftiger Freude. Persönliches Glück ist kein Selbstzweck. Freude ist ein Nebenprodukt, das dann entsteht, wenn man ein echtes und sinnvolles Leben führt. Marc Gafni schreibt, dass das hebräische Wort für „innen, Inneres“ – *panim* – auch Gesicht bedeutet. Demnach sind das Gesicht und das Innere im Prinzip ein und dasselbe. Das Gesicht wird manchmal der Spiegel der Seele genannt. Ein Gesicht hat fünfundvierzig Muskeln, von denen den meisten keinerlei Bedeutung für die physiologischen Funktionen zukommt. Ihre Aufgabe liegt darin, den inneren Menschen auszudrücken. Gafni nennt sie „die Muskeln der Seele“. Das unverhüllte Gesicht eines Menschen gibt ein Bild von seiner Seele wider.

Ich glaube, dass die Fähigkeit eines Menschen, in der Freude die Glut zu bewahren, mit seiner spirituellen Reife zu tun hat. Das lateinische Wort *hilaritas* bedeutet Liebenswürdigkeit, innere Klarheit, Freude, Licht. Für die frühen Mönche war sie ein Zeichen für einen geistlich mündigen Menschen, schreibt Anselm Grün. *Hilaritas* strahlt ein Mensch aus, der sich mit seinen Höhen und Tiefen bekannt gemacht und die Wahrheit über sich selbst gefunden hat. Ein solcher Mensch trägt in sich einen Ruhepunkt. Er strahlt ein inneres Licht aus. Ich bezweifle, dass wir die tiefe Freude empfinden können, wenn wir unseren Ruf konsequent verneinen und unsere Stärke in Schach halten. Die größte Freude entsteht daraus, dass wir uns selbst gegenüber wahrhaftig sind, dass wir wissen, wer wir sind und welchen Auftrag wir haben – und unseren eigenen Weg gehen.

Beseeltes Leben

Die Seele will sorgfältig gepflegt werden. Wenn wir wissen, wie wir es für uns am besten einrichten, können wir das mitten in unserem Alltag tun. Die einfache Alltagskunst, die wir in unserem Heim Tag für Tag üben, sei für die Seele wichtiger, als wir denken, meint Thomas Moore, der darüber das Buch *Die Seele lieben* geschrieben hat. Das Heilige findet sich auch in den Kleinigkeiten des Lebens. Sorgfalt im Kleinen ist eine Vorbereitung darauf, für das Große in unserem Leben Raum zu schaffen. Wenn unsere Umgebung in Einklang ist mit dem, was wir selbst in unserem Innersten sind, dann hat es auch die Seele leichter, zur Ruhe zu kommen. Die Details des Lebens sind nicht unwichtig. Sich um sie zu kümmern, stellt eine Möglichkeit dar, Liebe zu zeigen. Kleine Mengen von Salz haben eine große Bedeutung für den Geschmack. „Wie hält man eine Lampe am Brennen? Indem man ihr in regelmäßigen Abständen winzige Tropfen Öl zuführt“, sagte einmal Mutter Teresa. „Diese Tropfen sind die kleinen Dinge des Alltags: Glaubwürdigkeit, ein paar freundliche Worte, an andere denken, die Art, wie wir schweigen, schauen, sprechen und handeln. Das sind die Tropfen der Liebe, die unser Leben und unsere Beziehungen wie eine tanzende Flamme am Brennen halten.“ Wenn wir es wollen, kann unser Alltag eine tiefe spirituelle Dimension bekommen. Wenn wir als Menschen wachsen und Frucht bringen möchten, müssen wir das Gefühl für das Heilige – und das Heilende – wiedererlangen und unserer Seele wieder einen Platz in unserem Leben einräumen. Doch was ist die Seele? Sie lässt sich nicht in Worte fassen. Definitionen sind naturgemäß intellektuell; die Seele spricht eine andere Sprache. Wenn wir etwas als „beseelt" erleben, sprechen wir eher von Bildern, Gesten, Lauten – vom Rätselhaften. Die Seele ist weder ein Gegenstand noch eine Substanz; sie ist eine Eigenschaft oder Dimension der Art und Weise, wie wir das Leben und uns selbst wahrnehmen. „Es geht dabei um Tiefe, Wert, Verbindung, Herz und persönliches Wesen", schreibt Moore. Wir erleben ein Gemälde, ein Musikstück, einen Menschen, einen Ort dann als beseelt, wenn im Kontakt dazu etwas entsteht, was uns tief berührt. Der Intellekt richtet sich nach außen; er braucht Fakten, Präzision und Verallgemeinerung. Die Seele richtet sich nach innen, sucht nach Aufklärung und verlässt sich auf ihre Intuition. Wir brauchen beides in unserem Leben; wenn das Ungleichgewicht jedoch zu groß ist, kommen wir mit uns selbst in Unordnung.

Die Seele vieler Menschen bekommt heute nicht die Nahrung, die sie benötigt. Thomas Moore ist der Meinung, die Seele müsse nicht erklärt, sondern gut genährt werden; dabei sind manche Dinge nährstoffreich, während andere keinen Geschmack haben oder auf sonst eine Weise wertlos sind. Gute Nahrung für die Seele bietet vor allem das, was Intimität begünstigt: eine Wanderung in der Natur, ein Gespräch mit einem Freund, spät am Abend, ein Abendessen mit der Familie, eine Arbeit, die tiefe Zufriedenheit schenkt, ein Besuch auf einem Friedhof. Auch Schönheit, Abgeschiedenheit und wahre Genüsse sind Nahrung für die Seele.

Die Pflege der Seele hört niemals auf. Sie beginnt in dem Augenblick, da wir unser Herz ein wenig mehr öffnen, als wir es gewohnt sind. Wie Sie Ihre Seele am besten pflegen, davon ab, was für ein Leben Sie führen. Manche Menschen haben ein unbändiges Bedürfnis nach Zeit für sich, anderen geht es gut, wenn sie sich für einen Kurs anmelden, ihren Garten bestellen, malen oder singen, in ferne Länder reisen, auf Retreat gehen, mit ihren Kindern und Enkelkindern zusammen sind, schreinern lernen, ihr Heim in Ordnung halten oder lange Spaziergänge machen. Das hängt ganz davon ab, wer Sie sind und wie Ihr Leben ausschaut. Vor rund fünfhundert Jahren schrieb Marsilio Ficino ein Selbsthilfebuch – *Das Buch des Lebens* –, in dem er die Bedeutung der Alltagsspiritualität betont. Darin beschreibt er beispielsweise, wie wichtig Farben, Tücher, Kräuter, Öle oder Spaziergänge mit anderen sind – „allesamt ganz konkrete Alltagsentscheidungen, die die Seele fördern oder beunruhigen". Der Ruf ermahnt uns, unsere Seele wiederzubeleben, die Verbindung mit der spirituellen Dimension erneut aufzunehmen und sie in unserem Leben durchscheinen zu lassen. Was gibt Ihrer Seele Frieden? Und was stört die Ruhe Ihrer Seele? Ihre Antworten sagen Ihnen, wie Sie vorgehen können.

Wenn Sie in Ihrem Leben Raum zum Atmen schaffen möchten, müssen Sie damit anfangen, sich einen eigenen Ort einzurichten, wo Sie ungestört sind, einen Platz, an dem Sie sicher sein können, mit Ihren Gedanken allein zu sein, und wo Ihr Innenleben garantiert zu seinem Recht kommt. Darüber habe ich in meinem schon erwähnten Buch *Verabredung mit mir selbst* einiges geschrieben. Es ist durchaus möglich, mitten in einem hektischen Leben eine Insel der Stille zu schaffen. In jungen Jahren wohnte ich einige Zeit bei einer indischen Familie in Neu-Delhi. Die Wohnung war gelinde gesagt unordentlich; viele Menschen konkurrierten auf sehr kleinem Raum um einen Platz. Dennoch war eine Ecke im Wohnzimmer zum geschützten Ort erklärt worden. Ein paar große Kissen markierten die Grenze zum Rest des Raumes. Der Platz war gerade so groß, dass auf den Kissen zwei Personen gleichzeitig sitzen konnten. Dorthin zog man sich zurück, wenn man für eine Weile für sich sein wollte. Mitten in dem Radau gab es eine Oase der Stille und des Friedens, die alle respektierten.

Später habe ich gelernt, einfache meditative Übungen zu machen. Das Wort meditieren kommt vom Lateinischen *meditari*, sich vorbereiten, sich stillem Nachdenken hingeben, zu seinem Mittelpunkt vordringen. Ich setze mich entspannt auf einen niedrigen Schemel, halte meinen Kopf aufrecht, meine Augen sind halb geschlossen und mein Blick fixiert einen Punkt einige Meter vor mir (man kann ebenso gut auf einem Stuhl sitzen, die Füße stützen sich, leicht ausgestellt, auf den Boden). Während meine Hände auf den Knien ruhen und die Handflächen nach oben zeigen, spüre ich meinem Atem nach, lasse ihn tiefer werden und entspanne mich in meinen Atemzügen. Das hilft mir, zur Ruhe zu kommen – jedoch niemals sofort und manchmal auch überhaupt nicht. Das innere Surren lässt sich nicht so leicht stillen. Der Körper schmerzt, die Gedanken im Gehirn drehen sich im Kreis. Mich stören die Geräusche, vom Fenster zieht es, ich friere an den Füßen, am Rücken juckt es, und plötzlich denke ich an etwas, was ich zu tun vergessen habe. Heute weiß ich, dass es zwecklos ist, gegen diesen manchmal wilden Gedankentumult ankämpfen zu wollen. Alles, was ich tun kann, ist, darauf zu achten, was in mir geschieht, und es genauso sein zu lassen, wie es ist.

Beobachten ist der Eckstein einer meditativen Haltung. Es bedeutet, in aller Ruhe alles zu betrachten, was in das eigene Bewusstsein dringt, ohne es abzuweisen oder darüber zu urteilen. Alles bekommt einen Platz und darf sich bewegen, wie es möchte. Allein das kann schon richtig gut tun. Dieses ruhige Wachsein bahnt dem Frieden den Weg. „Meditieren bedeutet, in Gottes Gegenwart zu atmen“, hat jemand gesagt. In Stille, Offenheit und Konzentration vernimmt man das, was war und was werden kann. „Unser Innerstes ist nicht wie ein Sack, sondern es ist eine Offenheit, die in ein Geheimnis mündet. Wir sehen unsere Mitte als eine offene Tür. Sobald wir an der Tür angekommen sind, treten wir, da die Tür offen steht, hinaus ins Unendliche. In das Tiefste seiner selbst zu gelangen bedeutet über sich selbst hinauszugelangen. Niemand kann seine Mitte erreichen und weiter in sich selbst verbleiben. Die Mitte des Menschen ist eine Offenheit für Gott", schreibt Wilfrid Stinissen. Zu sich selbst zu kommen bedeutet sich selbst zu verlassen. Die Augenblicke der Meditation sind nicht dafür da, unseren Wissensvorrat zu erweitern, sondern dafür, dass wir uns von allen Vorstellungen ausruhen, die Zahl unserer Gedanken verringern und die Lebenskraft durch uns hindurchströmen lassen können. Wenn du ein paar meditative Momente für dich einrichten möchtest, denk daran, genug Zeit einzuplanen, und finde einen Ort, an dem du dich sicher fühlst. Schließ die Tür, schalte das Telefon ab, benutze, wenn du möchtest, Ohrenstöpsel. Vielleicht möchtest du die Gardinen zuziehen und eine Kerze anzünden. Versuche es so lange, bis es klappt: Du findest sicher eine Methode, die dir zusagt. Und gib nicht zu früh auf, denn es braucht Zeit, bis man sich an die Stille gewöhnt.

In ihrem Buch *Tankar om buddhismen som psykologi (Gedanken über den Buddhismus als Psychologie)* zählt Anna Bornstein die fünf Schwächen auf, die der Mensch der buddhistischen Tradition zufolge überwinden muss, bevor er zur Ruhe kommen kann. Diese sind: *faul sein, seine Aufgabe vergessen, sich aufregen, keine Disziplin haben* und *zu eifrig sein.* Das Gegengewicht zur Faulheit bilden Glaube, Anstrengung und Gewalt über seine Sinne, schreibt sie. Die „mindfullness", die ich weiter oben beschrieben habe, wirkt gegen das Vergessen. Aufgeregtheit und Rastlosigkeit lassen sich bewältigen, indem man seine Aufmerksamkeit stärker auf sein Inneres richtet, mangelnde Entschlossenheit und Disziplin, indem man entschlossen danach strebt, das Hindernis zu überwinden. Geduld und tiefes Entspannen überwinden den übertriebenen Eifer, der den meditativen Prozess stört.

Gewohnheiten und einfache Rituale können uns eine Hilfe sein, wenn wir für uns einen Raum zum Atmen schaffen möchten. Ein Ritual ist ein wiederkehrendes Muster oder eine Zeremonie (oft mit symbolischem Gehalt), die entwickelt worden ist, um etwas Besonderes – oftmals Übergänge und Grenzen in unserem Leben – zu kennzeichnen. So haben die meisten Kulturen beispielsweise Rituale entwickelt, die Geburt, Pubertät, Ehe, Krankheit und Verlust, Tod, Krieg, Ernte und dergleichen begleiten, also solche Ereignisse, die uns auf einer tiefen, existenziellen Ebene berühren. Rituale lehren uns, die Zeit zu heiligen und nicht zu vergessen, was einmal war. Feiern, trauern, sich freuen, geben, nehmen und dann loslassen helfen uns, im Leben weiterzukommen. In geordneten Formen nehmen wir ein wortloses Wissen in Gebrauch, das uns an unsere Wurzeln und an die Voraussetzungen des Lebens erinnert. Rituale geben uns Sicherheit und Festigkeit, sie verbinden Gegenwart, Vergangenheit und Zukunft miteinander und helfen uns, im Leben Kurs zu halten. Sie führen uns näher an die Geheimnisse des Lebens. Dies gilt sowohl für private Rituale, die nur für uns selbst einen Sinn haben, als auch für die großen Rituale, die für uns alle von Bedeutung sind. Eine Gesellschaft ohne Riten und Rituale habe ihre Seele verloren, meint Matthew Fox. Leider haben wir mit vielen unserer kollektiven Rituale den Kontakt verloren. Rituale in unseren Alltag einzuführen kann eine Möglichkeit darstellen, unsere Sinne zu öffnen und neue Energie einströmen zu lassen. Ich habe einige persönliche Rituale, die mir helfen, eine Atmosphäre der Ruhe zu schaffen, und mir ein starkes Erleben von Gegenwart und Kontinuität ermöglichen, wenn ich mir Zeit nehme, allein zu sein. Einfache Zeremonien können einem sonst zersplitterten Tag Festigkeit verleihen. So kann man beispielsweise den Tag auf eine ganz bestimmte Weise beginnen und beenden, ein besonderes Heft haben, in dem man seine Gedanken niederschreibt, zu einer immer gleichen Tageszeit ein geliebtes Musikstück hören, ein Gedicht lesen oder ein Gebet sprechen. Die Möglichkeiten, einen eigenen, persönlichen Raum zu schaffen, kennen keine Grenzen. Nichts ist dabei richtig oder falsch. Das einzige Kriterium ist, dass das, was du tust, für dich einen Sinn hat und dir hilft, dich auf dich selbst zu konzentrieren und zu dir zu kommen.

Auch eine ansprechende Umgebung gehört meiner Meinung nach zur Pflege der Seele. Kunst oder schöne Dinge um uns sammeln, den Tisch schön decken, uns die Zeit nehmen, Blumen zu arrangieren, Pflanzen pflegen, darauf achten, dass es gut riecht, unsere Hausarbeit genussvoll und langsam erledigen und uns in allem, was wir tun, aller unserer Sinne bedienen. Die Art, wie wir einfache Alltagsdinge respektieren und handhaben, sagt auch etwas darüber aus, wie wir das Leben und uns selbst wertschätzen. In einer Welt, in der die Seele vernachlässigt werde, werde die Schönheit nicht hoch genug geschätzt, sagt Thomas Moore. Die Art, wie wir unser Heim einrichten, sagt mehr über uns aus, als wir selbst meinen. Bauen und umbauen, reparieren und unterhalten, malen, putzen, kochen, Blumen und Bücher kaufen, Farben und Formen aussuchen, Gegenstände und Bilder kaufen – es gibt unendlich viele Möglichkeiten, die Bedürfnisse der Seele ernst zu nehmen. Das kann sich beispielsweise im Schreiben, Malen, Singen, Spielen, Tanzen oder Backen ausdrücken – und nicht zuletzt darin, wie wir uns von den Erfahrungen anderer inspirieren lassen, wie wir Bücher lesen oder uns Menschen suchen, die auf verschiedene Weise das vermitteln, worauf wir Wert legen. Manche Menschen, die das Glück haben, durch ihre Art zu sein etwas Wesentliches zu vermitteln, sind von einer Aura umgeben. Musik ist eine der bekanntesten Quellen seelischer Nahrung. In einem Essay über Musik schreibt Manlius Severinus Boethius, ein römischer Philosoph und Staatsmann, der 480–524 lebte, dass es drei Arten von Musik gebe: die *musica mundana* (eine kosmische Musik, eine „Sphärenmusik", die von den Himmelskörpern und einer Mischung der vier Elemente – Luft, Erde, Feuer und Wasser – hervorgebracht werde), die *musica humana* (die persönliche Harmonie, die das Spirituelle und das Physische, das Rationale und das Irrationale, alle Körperteile usw. vereine) und die *musica instrumentalis* (die Musik, die wir mit unseren Ohren hören könnten). Die Musik, die wir mit unseren Stimmen oder Instrumenten schaffen, sei ein Ausdruck der grundlegenden Musik in der Natur und in den Menschen. Menschen und Natur seien mehr als nur chemische Prozesse. Wir seien von Natur aus musikalisch, behauptet Boethius. Was für ein herrlicher Gedanke! Wenn wir es nur wagten, auf unsere eigene Musik zu hören – und lernten, zwischen Klang und Unklang zu unterscheiden! Auf Englisch spricht man dabei von *sound* und *noise. Sound* ist sinnvoll und im Idealfall sogar schön. *Noise* bedeutet Geräusch, einen sinnlosen Schall, der uns nichts gibt und außerdem oft stört. Ein Teil dessen, was wir Gespräch nennen, besteht eigentlich aus *noise.* Um wirklich auf uns selbst zu hören, müssen wir lernen, uns von dem Geräusch, dem wir uns nicht länger aussetzen möchten, zu distanzieren und zu trennen.

Hören ist eine Kunst. Es bedeutet mit unserem Körper zu hören, die Welt mit allen Sinnen zu erfassen, uns sogar dem zu öffnen, was wir nicht hören wollen, und bereit zu sein, das umzuwerten, was wir zu wissen meinen. Dabei werden wir zu Anfängern in unserem eigenen Leben. Aus dieser Perspektive können wir die Welt neu sehen.

Der Ruf eröffnet uns neue Möglichkeiten, und diese stellen uns vor eine neue Wahl. Soll ich weitergehen? Soll ich umkehren? Soll ich stehen bleiben? Wir wollen und wollen nicht, trauen und trauen uns nicht. So ist das immer, wenn sich etwas gerade verändert und wir uns in dem Zustand befinden, den Maria Woodman in *Den havande jungfrun (Die schwangere Jungfrau)* als jene Dämmerzone zwischen Vergangenheit und Zukunft bezeichnet, die die ungewisse Welt der Veränderung im Inneren des Kokons ausmacht. Sie meint, ein Teil von uns blicke dabei zurück auf der Suche nach der Magie, die uns abhanden gekommen ist, während sich ein anderer Teil darüber freue, dem Chaos der Vergangenheit Lebewohl zu sagen. Ein Teil von uns blicke nach vorne mit all dem Mut, den wir aufbringen können, und ein anderer Teil sei begeistert über die Möglichkeiten der Veränderung. Ein Teil stehe ganz unbeweglich da und wage es nicht, in irgendeine Richtung zu schauen.

Es ist nicht leicht, sich zu verändern, selbst dann nicht, wenn man es möchte. Wir pendeln hin und her zwischen dem Glauben, alles sei möglich, und dem Wunsch, alles möge so bleiben, wie es war. In den siebziger Jahren verfassten Ann Helleday und ich eine Dissertation in Pädagogik mit dem Titel *Att förändra det oföränderliga (Das Unveränderliche verändern)*. In einem Abschnitt davon ging es um „Möglichkeit versus Wirklichkeit". Wir Menschen seien nicht nur die Summe der fremden Auffassungen von uns, sondern auch die Summe aller unverwirklichten Möglichkeiten. „Die Beziehung zwischen Wirklichkeit und Möglichkeit möchte die Tatsache beleuchten, dass es in allen Möglichkeiten, die nicht realisiert werden, eine Alternative zu der offenbaren, beobachtbaren Wirklichkeit gibt. Das Wirkliche – das, was hier und jetzt existiert – ist eine von vielen Möglichkeiten, eine, die realisiert wurde (…) um die

Wirklichkeit und ihre Möglichkeiten zu verstehen, ist es wichtig, den Unterschied zu kennen zwischen dem, was etwas ‚zu sein scheint', das heißt, wie es zu einem bestimmten Zeitpunkt in Erscheinung tritt, und dem, was es in Beziehung zu gegebenen Handlungsalternativen in einer bestimmten Situation, also zu existierenden Möglichkeiten, ‚sein könnte'. Alles Existierende ist wesenhaft getrennt von dem, was es sein könnte, wären seine Möglichkeiten realisiert worden." Wenn ich das, was wir damals geschrieben haben, aufs Neue lese, denke ich, dass es auch mit dem Ruf zu tun hat. Der Ruf erinnert uns an nicht genutzte Möglichkeiten und daran, dass manche davon verwirklicht werden können, wenn wir nur genug Courage besitzen – ein Wort, das mit dem französischen Wort für Herz, *coeur*, und mit dem lateinischen Wort *currere*, laufen, verwandt ist. *Courage* beziehungsweise Mut bedeutet nicht, sich seine Angst vom Leib zu halten. Es bedeutet zu wachsen, um der Angst in sich Platz zu schaffen. Und zu handeln, trotz der Angst.

Wenn wir die Idee des Rufs für uns annehmen, werden wir zu einer Reise ins Mögliche eingeladen. Die Richtung steht dabei fest, nicht jedoch die Detailplanung. Auch wissen wir nicht, was während der Reise alles auftauchen kann. Es ist das Unerwartete, das der Reise ihren Charme verleiht. Das Gegenteil von reisen ist transportiert werden, sich buchstäblich von einem Punkt zu einem anderen tragen lassen, ohne dazu viel sagen zu können. Das ist zwar eine übliche und zudem auch eine sichere Fortbewegungsart, aber auch ein wenig trist. Wir können uns so sehr daran gewöhnen, durchs Leben getragen zu werden, dass wir vergessen, wie bereichernd eine richtige Reise sein kann, selbst wenn sie zuweilen beschwerlich ist. Reise heißt auf Englisch *travel*, ein Wort, das denselben Stamm hat wie das französische *travail*, das Arbeit bedeutet, ebenso wie das lateinische *tripalium*, ein mittelalterliches Folterinstrument mit drei Spitzen. Reisen kann Arbeit kosten und fordert uns manchmal auf schmerzhafte Weise heraus. Und doch gibt es uns immer eine Chance, uns zu entwickeln. Vorausgesetzt, wir reisen nicht zu schnell. Denn nur das, was Zeit hat, Wurzeln zu schlagen, ist von Bestand. Man braucht dabei Pausen und manchmal ein wenig Abstand, um Atem zu holen, in sich hineinzuhorchen und alle Eindrücke zu ordnen. „Trübes Wasser? Lass es stehen, es wird klar!“, sagt Lao Tzu. Sobald wir uns die Zeit nehmen, darüber nachzudenken, beginnt das, was dunkel ist, hell zu werden. Wenn sich der Ruf bemerkbar macht, stellen Mut, Zuversicht und Weisheit eine gute Kombination dar. Sie helfen uns, nicht zu leicht aufzugeben und Kraft zu sammeln, um die Entscheidungen zu treffen, die nötig sind, damit wir weiterkommen. Denn auch wenn wir uns durch alle klugen Bücher durchgearbeitet und alle guten Ratschläge zur Kenntnis genommen haben, stellt sich uns dennoch die Frage: Was soll *ich* mit *meinem* Leben anfangen? Die Antwort muss jeder von uns selbst finden. Obwohl wir ein gemeinsames Schicksal haben, muss jeder von uns sein eigenes Heil finden. Diese Wahrheit mag schwer verdaulich sein. Mitunter fühlen wir uns schrecklich einsam. In dieser Situation kann es uns helfen, einen Brief an uns selbst zu schreiben. Das habe ich immer getan, wenn ich mich an einem Scheideweg befand. Ich habe über Fragen geschrieben, mit denen ich gerungen habe, über Entscheidungen, die mir bevorstanden, über meine Wünsche und Hoffnungen, über meine Sorgen und Pläne, und habe mir auf diese Weise Rechenschaft darüber gegeben, wie es mir gerade geht und in welche Richtung ich gehen möchte. Der Sinn des Schreibens liegt darin, diesen Brief zu verschließen und beiseite zu legen, damit man ihn liest, wenn einige Zeit vergangen ist und die Gedanken und Gefühle sich sortiert haben und auf ihren Platz gerückt sind. Ein Teil dessen, was sich zum Zeitpunkt des Schreibens so wichtig anfühlt, ist dabei mit Sicherheit verschwunden oder hat seine Bedeutung verloren. Anderes hingegen hat an Stärke gewonnen und bestätigt den Weg, den man gehen möchte.

Ein „Ja" zum Ruf bedeutet, mit der eigenen Tiefe in Kontakt zu treten und das Mögliche zu verwirklichen. Das bringt oft Veränderungen mit sich, solche, die man möchte, und wahrscheinlich auch solche, die man sich nicht einmal vorstellen konnte. Bevor das Neue Gestalt annimmt, rüttelt die Veränderung an unserem Leben. Natürlich gibt es vieles, was nicht verändert werden soll und auch nicht verändert werden kann, Umstände und Grenzen, denen wir unterliegen und mit denen zu leben wir lernen müssen. Ebenso gibt es aber auch vieles, das wir, wenn wir wollen, verändern können – mit Hilfe von Einsicht, Verständnis, Zuversicht und Mut. Erst wenn wir den Unterschied erkannt haben, können wir unseren eigenen Weg gehen. Und erst dann findet auch unsere Seele ihren Frieden.

Seinem Ruf zu folgen mag sehr wohl zu Veränderungen führen, die von außen sichtbar sind, doch nicht darin liegt das Wesentliche. Die wichtigste Veränderung ist diejenige, die in unserem Inneren geschieht, nachdem wir uns haben inspirieren lassen, unsere Grenzen erweitert und neues Leben haben hervorbrechen lassen. Der Grundruf, der an uns alle ergeht, ist: Lernt lieben – die Schöpfung, einander und euch selbst! Der persönliche Ruf lautet: Sei du selbst! Wir sind zum Leben in all seinen Formen gerufen. So wie es Mutter Teresa in ihrer „Hymne an das Leben" zum Ausdruck bringt:

> Das Leben ist eine Chance, nutze sie.
> Das Leben ist Schönheit, bewundere sie.
> Das Leben ist Glückseligkeit, genieße sie.
> Das Leben ist ein Traum, lass ihn Wirklichkeit werden.
> Das Leben ist eine Herausforderung, stell dich ihr.
> Das Leben ist eine Pflicht, erfülle sie.
> Das Leben ist ein Spiel, spiele es.

Das Leben ist kostbar, trag Sorge dafür.
Das Leben ist ein Reichtum, bewahre ihn.
Das Leben ist Liebe, gib dich ihr hin.
Das Leben ist ein Geheimnis, entdecke es.
Das Leben ist eine Verheißung, lass sie ihn Erfüllung gehen.
Das Leben ist Traurigkeit, überwinde sie.
Das Leben ist ein Lied, singe es.
Das Leben ist ein Kampf, kämpfe ihn.
Das Leben ist ein Abenteuer, bestehe es.
Das Leben ist Glück, verdiene es.
Das Leben ist Leben, verteidige es.

Auch Abschied gehört zum Leben – Abschied von Menschen, Orten, Vorstellungen, Gewohnheiten, von allem, was vergangen ist. Nun setze ich mich ein letztes Mal an meinen Computer und schaue hinaus auf das Wasser. Die Aufgabe, die ich auf mich genommen habe, ist bald fertig. Ein Schwan gleitet sachte vorüber, ein Fischerboot schaukelt im Hafen, ein Hund bellt im Nachbargarten, die Äpfel liegen auf der Erde, außer den wenigen, die noch am Baum hängen und rot in den dunklen Herbsthimmel hineinleuchten. Das Meer liegt blank und still da, obwohl sich heute Nacht ein starker Wind angekündigt hatte. Während ich diese Worte schreibe, empfinde ich Wehmut und Erwartung. Es geschieht etwas Besonderes, wenn man eine Sache zum letzten Mal tut. Der Kreis schließt sich. Nun weiß man, was war, jedoch nicht, was sein wird. Das Ende wird zum Beginn von etwas Neuem.

Chancen

Patricia Tudor-Sandahl
Das Leben ist ein langer Fluss
Über das Älterwerden

HERDER spektrum Band 5583
160 Seiten, Paperback
ISBN 3-451-05583-X

Aus der Überwindung von Unsicherheit werden neue Chancen. „Ein kluges Buch. Äußerst lesenswert, auch wenn man noch nicht das Alter hat, von dem es handelt." (Kultur)

Patricia Tudor-Sandahl
Verabredung mit mir selbst
Von der Kraft, die im Alleinsein liegt

240 Seiten,
gebunden mit Schutzumschlag
ISBN 3-451-28349-2

Ein faszinierendes Buch über die Sehnsucht, ganz bei sich zu sein. Über eine existentielle Herausforderung, die eine Chance inneren Wachstums – und eine besondere Form der Lebenskunst ist. Eine Einladung zu einem neuen Umgang mit sich selbst.

HERDER